Mousse de Mango
y otros relatos

Tres historias de amor lésbico

Daniel Narrador

Mousse de Mango y otros relatos.
Tres historias de amor lésbico

Copyright 2011©Daniel Narrador

1ª edición

ISBN: 978-1-257-47110-2

Published by: Lulu.com ID: 10482464

Contenido

Mousse de Mango

A mi querida amiga Sweetleth,
impulsora de mi vocación de escribidor de relatos.

Micaela Curien dio los toques finales a la salsa para el Canard à l'orange, una de sus especialidades más famosas. La probó y se dio a sí misma su conformidad con un encantador gesto afirmativo.

—¡Alberto! —llamó al Sous Chef, mientras se limpiaba las manos en su delantal—. Me voy, te quedas a cargo.

—Pierda cuidado, Chef —contestó el aludido—. Yo llevaré el barco, por hoy, a puerto seguro.

—Más te vale —expresó Micaela, no sin cierta preocupación en los ojos—. Buenas tardes a todos.

Se quitó el delantal y el gorro, se arregló el rubio cabello y la chaqueta de su uniforme y salió al elegante comedor de *La Lorraine*, el restaurante fundado por su abuelo y que su padre había convertido en la insignia de la cocina clásica francesa en el país. Como siempre que Micaela aparecía en el salón, recibió una nutrida salva de aplausos por parte de los clientes, a los que agradeció sonriendo e inclinando la cabeza. Sin embargo, hoy no tenía tiempo de detenerse a charlar, como era su costumbre, por lo que buscó con la mirada a monsieur Dubois, veterano maitre del lugar, para darle las últimas disposiciones.

—Armand, me retiro. Alberto cuenta con mis instrucciones, así que no debe haber problemas en la cocina. De cualquier manera, tengo encendido mi celular, pero procura no llamarme.

—No te preocupes, Mika —Armand Dubois era el único, entre todo el personal, que tuteaba a la Chef Curien y, no sólo eso, le decía cariñosamente "Niña Mika", pero para algo ingresó a laborar al restaurante como mozo de comedor hacía ya cuarenta años, en las épocas del padre de Micaela—, yo me hago cargo.

—Gracias Armand —dijo Micaela, dando un cariñoso beso en la mejilla al distinguido maitre d'hotel.

Desde meses atrás, programado para esa tarde tenía su participación como Presidenta del Jurado en la etapa final de *Festival Gastronómico para Graduados* de la universidad cuya Escuela de Gastronomía contaba con la representación de su propia escuela en París, *Le Cordon Bleu*. De hecho, por eso se sentía comprometida; de alguna manera, era su alma mater. Su participación en el concurso también formaba parte del programa de Relaciones Públicas de *La Lorraine*. Uno de los premios para el primer lugar era, precisamente, un puesto de becario en el restaurante.

Una vez en el salón de actos y después de las presentaciones de rigor y los discursos formales de apertura, dio inició la primera ronda de inspección visual de los trabajos de los 15 graduados finalistas. El concurso ya había realizado varias etapas previas cuyos jueces formaban parte del claustro profesoral de la propia escuela, afortunadamente para Micaela. De esa forma, los Jurados invitados, como ella, sólo tenían que juzgar los trabajos de los finalistas y no saturarse el paladar evaluando cientos de propuestas.

Este año, según iba apreciando, no había ningún talento especial en ninguno de los trabajos, por lo menos en la parte estética visual. O eso creía. En el segundo tercio de la mesa de exhibición se encontraba el trabajo No. 9, aparentemente una mousse de fruta. El postre iba colocado sobre una hermosísima pastelera alta de cerámica que, por donde se viera, era una total obra de arte. La pieza era completamente vidriada en blanco, purísimo, casi transparente y la nívea superficie sólo era cruzada por un manchón, como un brochazo, de color rojo intenso. Micaela no era experta en cerámica, pero sabía que ese rojo sólo podía darlo un experto ceramista, conocedor de la química de los esmaltes y maestro en la aplicación de temperaturas en hornos de atmósfera controlada. Una pieza única salida de las manos de un artista consumado.

El modernísimo utensilio artesanal daba contrastante soporte a una maravillosa rosca de mousse de fruta, de color muy tenue amarillo pálido, cuya tersura competía dignamente con la cerámica que la soportaba. Rodeando la rosca se encontraba un anillo de ligeras rebanadas de mango acomodadas con preciosura, lo que hizo suponer a la Chef que el postre en cuestión era una mousse de mango. Como toque final, el platillo completo se encontraba cubierto por una lluvia de pistacho troceado, hecho que hizo a Micaela levantar la ceja en una duda legítima sobre la combinación de sabores.

Una vez calificada la etapa de presentación, inició el ciclo de degustación. Aunque los platillos le eran presentados bajo una cierta lógica y Micaela trataba de saborear lo mínimo indispensable para hacer una evaluación justa de los méritos culinarios del proyecto, no dejaba de ser agobiante el tener que calificar quince platillos diferentes. Además, como con la presentación visual, tampoco encontró nada digno de llamar su atención. Nuevamente, hasta el proyecto No. 9.

Con admiración, observó la tersura de la rebanada de mousse que le presentaron en el pequeño plato. Perfectamente bien lograda en consistencia y color. Con cuidado, hizo a un lado las rebanadas de mango que acompañaban al dulce para no contaminar su sabor y probó la preparación acompañada sólo de algunos trozos de pistacho. Su sorpresa no tuvo límites, hacía mucho tiempo que no paladeaba un platillo preparado con tal maestría en el equilibrio de sabores y, lo más asombroso, en el contraste de consistencias. A Micaela le pareció estar probando un pedazo de nube, dulce sin exagerar y con el sabor perfecto a mango fresco, aderezado por la discordante dureza salada del pistacho. Un verdadero milagro para el paladar.

Traicionando su metódica costumbre, consumió en su totalidad la ración servida, lamentando, en su fuero interno el tener que continuar con los proyectos que no había evaluado. Una vez terminada la ronda, buscó con curiosidad en las actas el nombre del autor de la prodigiosa mousse de mango: Gabriela Nava. Con diligencia, se acercó al subdirector de la Escuela de Gastronomía, el Chef Alfonso Gaytán, y le hizo entrega de su acta de votación, ya llena, y discretamente le preguntó por la autora del Proyecto No. 9.

—¿Gaby? Mira, es la chica bajita con actitud de líder que está en aquel grupo. ¿La ves? —Micaela asintió a la pregunta del funcionario, quien continuó explicando—. Es la mejor alumna de su generación. Aplicada y sumamente talentosa. Sus padres no son de muchos recursos económicos, por lo que estudió gracias a una beca que ganó y mantuvo con verdadera dedicación y esfuerzo. También, su situación financiera le impidió cursar el semestre en París junto con sus compañeros, por lo que yo considero que para ella son muy importantes los seis meses de trabajo contigo que forman parte del premio de este concurso —el Chef Gaytán dejó de ver hacia Gabriela y dirigió su mirada directamente hacia Micaela—. Aquí se ha ganado el respeto y la estimación de todos y creemos que tiene un futuro muy promisorio si se le ayuda y orienta correctamente.

Micaela alcanzó a apreciar a una chica bajita, morena clara, muy segura de sí misma, bonita pero nada espectacular. La casaca y el delantal de *Le Cordon Bleu* no alcanzaban a ocultar un lindo y armonioso cuerpo. El cabello no se le alcanzaba a ver, debido al gorro de cocina, pero se adivinaba negro. Mirada dura, pero transparente, confiable y, como había descrito el subdirector, rezumaba liderazgo.

Micaela la vio sumamente hermosa. Ya le había pasado antes. A los 16 años asistió a un concierto en el Centro Cultural Japonés. Una violinista japonesa, jovencita, delgadita, no muy agraciada, de apellido Watanabe, era la solista de las Cuatro Estaciones de Vivaldi, acompañada por una orquesta de cuerdas local. La chica japonesa era prodigiosa. Al ir avanzando el concierto, el espíritu estético de Micaela adolescente se fue embelesando por las notas y la intérprete se fue embelleciendo paulatinamente gracias a su capacidad de crear arte. Al final del tercer movimiento del Invierno, para Micaela fue un ángel oriental quien salió a recibir los aplausos del público. Hoy, Gaby le estaba provocando el mismo efecto. Quien fuera capaz de crear una maravilla como la Mousse de Mango del Proyecto No. 9 tenía, necesariamente, que ser una belleza, en todos los sentidos.

"Micaela, deja de divagar", pensó para sí misma. "Ya bastantes problemas tienes para, además, estarte fijando en beldades desconocidas". Este pensamiento le hizo recordar a Lucía, la situación crítica en que se encontraba su relación y la terrible condición que sufría su novia en ese momento y el lugar en donde aquella se encontraba.

Sobreponiéndose a su tristeza, Micaela pudo sonreír para recibir al rector de la Universidad que hacía su entrada en ese momento para presidir la premiación del concurso.

—Señor Rector, autoridades universitarias, distinguidos invitados, queridos alumnos, señoras y señores —dijo el Chef Gaytán desde el pódium—: Bienvenidos a esta ceremonia de premiación del *Cuarto Festival Gastronómico para Graduados* de esta Escuela...

Micaela dejó de poner atención al orador y se dedicó a observar a Gabriela Nava. Sin explicarse por qué, esa muchacha le llamaba demasiado la atención, incluso, comenzó a desear que Mousse de Mango fuera la ganadora del Festival para que trabajara como becaria seis meses en *La Lorraine*. Con los atributos descritos por el Chef Gaytán, sería una valiosa incorporación al staff del restaurante. "No te mientas, Micaela", se recriminó la Chef. "Esta niña te gusta, cómo no. Sólo recuerda que el trabajo no se lleva con el amor".

—…Y el ganador del primer lugar es… —el Chef Gaytán hizo una pausa dramática—: El proyecto No. 9, Mousse de Mango cubierto de pistacho, desarrollado por Gabriela Nava.

Después de la andanada de aplausos, Mousse de Mango subió al presídium. Como Presidente del Jurado, a Micaela le correspondió entregarle el trofeo al que se había hecho merecedora. Cuando la muchacha se acercó a ella y sus miradas se cruzaron, la Chef percibió una conexión mágica que la estremeció. Micaela entregó el trofeo y dio dos besos en las mejillas de la orgullosa triunfadora.

—Chef Curien, qué gusto conocerla —expresó Mousse de Mango entusiasmada—. No sabe cómo he deseado hacerlo. Mi nombre es Gabriela Nava, a sus órdenes.

—Mucho gusto, Gabriela —correspondió Micaela con seriedad—. Realmente, te felicito por lo bien logrado que está tu proyecto y, por supuesto, por haber ganado el concurso.

—Gracias Chef, se lo agradezco —dijo una arrebolada Gaby—-, pero lo que más me motivaba para ganar el *Festival* era la oportunidad de trabajar con usted y ver directamente la magia que la ha hecho ser lo que es. Y llámeme Gaby, así me llaman todos.

—Pues bienvenida, Gaby —dijo Micaela, sonriendo divertida ante el entusiasmo de la chica.

Ya de regreso al restaurante, Micaela entró a *La Lorraine* por la puerta principal. En solamente media hora abrirían para la cena, por lo que ya estaba dispuesto el elegante montaje en todas las mesas, mientras camareros y asistentes daban los últimos toques a sus estaciones.

Recorrió el camino a través del comedor principal saludando cortésmente a todo el personal hasta que fue interceptada por monseur Dubois, quién la abrazó fuertemente.

—Ya me enteré del accidente de anoche, Mika, niña mía —le dijo con cariño mientras la abrazaba. Y luego, mirándola a los ojos— ¿Cómo está Lucía?

—No lo sé, Armand. No lo sé —dijo Micaela tristemente—. En este momento debe estar en cirugía, pero ya ves que no me permiten verla ni me dan informes. Raquel, su madre, quedó en llamarme cuando supiera algo en firme. Ojalá cumpla.

—Ay, Mika. No sabes cuánto lo siento. ¿Puedo hacer algo por ti?

—Sí, por supuesto. Hazte cargo por el día de hoy. Yo no tengo cabeza ni ánimo. No saldré al comedor y me voy a reventar de trabajo como cuando mi padre me tenía de galopina de cocina, según él para que aprendiera el oficio desde abajo —Micaela y Armand medio se sonrieron al recordar aquella época.

—Cuenta conmigo, Mika. Todo estará bajo control.

—Gracias Armand. Te lo aprecio en todo lo que vale.

Micaela se dirigió rápidamente al piso superior donde se encontraban los salones para atención de grupos, entre cinco y veinte personas, y las dependencias ejecutivas donde tenía su oficina. Su enclave personal, decorado con gusto exquisito, estaba constituido por una recepción desde donde despachaba Paula, su secretaria y asistente, una cómoda sala de espera y su espaciosa oficina privada. A diferencia de su padre y su abuelo, cuyas oficinas no pasaron nunca de ser un cuartito junto a la cocina y que más bien parecía una extensión de la bodega que un verdadero despacho, Micaela decidió tener un lugar que le permitiera atender funciones administrativas y, al mismo tiempo ser su lugar de estudio y descanso, separado de las áreas de preparación y almacenaje de alimentos.

Este refugio estaba dominado por su escritorio de diseño modernista pero hecho de fina caoba. Enmarcado con preciosura, destacaba el diploma de *Le Cordon Bleu Paris* expedido a nombre de Mademoiselle Micaela Curien. En la pared opuesta a la entrada y perpendicular al escritorio, se apreciaba un librero con una espectacular biblioteca de cocina, mientras que cercana al acceso se encontraba una pequeña mesa de reuniones con seis sillas a su alrededor.

Pero el verdadero orgullo de Micaela era el gran ventanal que ocupaba el muro frente a su escritorio y que le daba una vista espectacular de su cocina. Ella, por supuesto, prefería estar abajo, cocinando, creando, ensuciándose las manos, como quien dice. Sin embargo, cuando tenía que despachar asuntos arriba, en su oficina, la vista global la hacía sentirse como capitán de barco en el puente de mando. Disfrutable, ciertamente.

Al acercarse al escritorio de Paula, ésta la asaltó con mil asuntos pendientes.

—Chef, tiene varias llamadas. La más importante es la del Museo Metropolitano sobre el pedido de postres para su cena de Recaudación de Fondos.

—Por favor, ese asunto que lo atienda Vero directamente.

—También, está aquí la contadora Figueroa. Tiene cita con usted.

—¿Y dónde está? No la vi al entrar.

—Está, creo, en el almacén con el Sous Chef Alberto, viendo algo de los inventarios.

—Bien. En cuanto suba, la haces pasar —dijo Micaela dirigiéndose a su oficina—. Y recuerda, exceptuando a ella, no estoy para nadie.

Una vez sentada en su cómodo sillón de cuero negro, Micaela cerró los ojos para relajarse unos segundos y tomó el teléfono.

—Hospital Rigel Medical, a sus órdenes —le contestó una entrenada voz femenina.

—Por favor comuníqueme con la habitación de la señorita Lucía Albarrán —pidió Micaela con cortesía.

—Un momento, por favor —Micaela escuchó el tono de llamada interna.

—¿Diga?

—Señora Raquel, soy Micaela. Buenas noches. Hablo para preguntar cómo salió Lucía de la operación.

—Pues aparentemente todo salió bien. Todavía se encuentra en la sala de recuperación. Mi esposo y yo la vimos unos minutos, pero aún estaba bajo los efectos de la anestesia. En 45 minutos o una hora la traerán al cuarto.

—¿Podré pasar a verla a alguna hora?

—No lo creo. Micaela, mi esposo está furioso. Por supuesto que ya está diciendo que todo esto es culpa tuya, que si no hubieras pervertido a nuestra hija, esto no hubiera pasado y qué se yo. Si te ve por aquí, no sé de lo que sería capaz —le dijo Raquel dubitativa—. Además…

—¿Además? —preguntó Micaela.

—Mira, Micaela, te lo voy a decir sin rodeos. Hoy antes de entrar a cirugía, Lucía estaba ya muy lúcida y me dijo que no quería hablar contigo y menos que la visitaras. No me dio sus razones, pero pienso cumplir sus deseos.

—Eso no se lo puedo creer, señora.

—Pues más vale que lo vayas creyendo.

—Más tarde o mañana hablaré con Lucía y que me lo diga de primera mano.

—Pues te deseo suerte. Dudo que te tome la llamada. Ni se te ocurra pararte por aquí sin su permiso porque pido a seguridad que te saque a la fuerza —Raquel cortó la comunicación, dejando a Micaela con la boca abierta y en un estado de confusión total.

Sin entender realmente lo que sucedía en la mente de Lucía, escuchó que llamaban a la puerta.

—Adelante.

—Mika, querida. ¿Cómo te encuentras? —Marcela Figueroa se acercó a Micaela, quien se levantó de su asiento para recibir el cariñoso abrazo de la contable—. Armand me platicó del accidente de Lucía. ¿Qué fue lo que pasó?

—Venían en un auto, ella, su amiga Sandra y dos amigos más, saliendo de una discoteca. Al parecer, bastante alcoholizados los cuatro. Al entrar en una vía de acceso controlado, no calcularon el muro de contención. Como venían con exceso de velocidad, perdieron el control y el vehículo volcó. Lucía, además de diversos golpes y heridas, tiene una fractura de cúbito y radio izquierdos, a la altura de la muñeca.

—¿Lucía venía conduciendo?

— Afortunadamente, no. Lo venía haciendo uno de los muchachitos.

—¿Cómo están los demás?

—Sandra solamente con contusiones y el susto. Su novio, que venía en la parte de atrás, con ella, tiene la clavícula fracturada. Sin embargo, el muchacho que conducía, está muy malherido.

—¿Y Lucía, cómo está?

—Fue necesaria cirugía y la implantación de dos tornillos para la fijación correcta de la articulación dañada. Acaba de terminar la operación. Aparentemente salió todo bien.

—¿Y tú? ¿Cómo te sientes?

—Muy acongojada, por supuesto. Sin embargo, siento que yo no quería darme cuenta que nuestra relación estaba tambaleante, así que esto vino a ser como una revelación. Y está siendo muy doloroso —a Micaela le tembló la voz al decir eso—. No por haber perdido el amor de Lucía, sino por la pérdida en sí. Has de creer que estoy loca —dijo la Chef, desestimando con un gesto las lágrimas que querían escapar de sus ojos y sentándose nuevamente ante su escritorio—. Es tal mi confusión de sentimientos que no sé si la amo todavía o si lo que siento es compasión e impotencia al ver cómo se ha ido deteriorando, haciéndose daño a sí misma estos últimos meses.

—Te entiendo perfectamente, amiga. Estos años trabajando, primero como contable de tu empresa, como tu consultora financiera y, ahora como tu amiga, me hacen conocerte más de lo que supones. Y créeme, comparto tu sufrimiento y quiero que sepas que puedes contar conmigo invariablemente.

—Gracias, Marce —dijo Micaela suspirando—. Lo sé desde siempre.

—Estoy segura Mika, que no estás en condiciones perfectas para atender negocios, pero el asunto de la franquicia me está quemando las manos y requiere de tu atención.

—A ver, Marce, dime. ¿Qué pasa con eso?

—*Oak Tree Franchises*, el grupo inversionista que quiere asociarse contigo para franquiciar la marca *La Lorraine,* ya tiene listos los estudios de viabilidad y quiere ya formalizar el negocio y firmar la sociedad. También están listos los fondos y las investigaciones de mercado para la primera etapa, que consistiría en las unidades *La Lorraine* en las dos ciudades más importantes de nuestro país así como tres en el extranjero, Buenos Aires, Río y Miami. Las cinco entidades no serían franquiciadas en sentido estricto, sino que pertenecerían a la franquicia maestra. Una segunda etapa contemplaría Chicago, Nueva York y, probablemente, el mercado europeo. Pero ya les urge una resolución de tu parte.

—¿Tú qué opinas, Marce?

—¿La verdad?

—¡Claro que la verdad! No esperaría nada menos de ti.

—Pues creo, Mika, que es el momento oportuno —aventuró Marcela, temiendo la reacción de Micaela—. Has creado un negocio sólido y con un nombre ya muy prestigiado. Los procedimientos que has implantado forman un verdadero "Know How". La expansión real a futuro del negocio estaría limitada sin la inyección fuerte de recursos que difícilmente podrían autogenerarse. Además de que la administración y el mantenimiento de estándares serían prácticamente imposibles sin la elaboración de Manuales de Procedimientos y de la rigurosa gestión que sólo un sistema de franquicias permite.

—Ahí está mi temor, Marce. *La Lorraine* es mi vida. Sentiría haber cometido una traición a mi padre y a mi abuelo si convierto esto que ves aquí en un puesto de hamburguesas.

—Por eso no tienes que preocuparte, Mika. La oferta que te hace *Oak Tree* es sumamente conveniente. Tú conservas la Dirección de Operaciones del nuevo consorcio. Tu responsabilidad será la elaboración de los Manuales de Procedimientos y garantizar su aplicación, para lo que contarás con un ejército de colaboradores, tanto en el área de capacitación como en la de supervisión. Si quieres, podrás seguir dirigiendo este lugar como el Restaurante Insignia de la franquicia y conservarás derechos de uso sobre la marca. Podrás dedicarte a lo que siempre has querido, al verdadero arte culinario y dejar tus negocios en manos de otros. Podrás crear tu sueño dorado, tu boutique exclusiva *"Le Bistrot Lorraine"* o como quieras llamarlo. Las ventajas serán múltiples y los riesgos serán nulos.

—¿Qué sucederá con nuestro personal?

—Sus derechos están salvaguardados, recuerda que tú conservas el control total de esta unidad. Otros, como yo, aprovecharemos la ola —Marcela rió y guiñó un ojo ante su propio comentario.

—¿De cuánto tiempo disponemos para decidir?

—Yo diría que no más de dos semanas antes de que te sea necesario convocar a una Asamblea Extraordinaria del Consejo Directivo.

Conseguir la aprobación del Consejo Directivo no significaría ningún problema. Aunque el restaurante era una sociedad de la que sólo tenía el cuarenta por ciento (su tío Marcel poseía otro cuarenta y sus primos, los hijos de su difunta tía Bertha, el restante veinte), en realidad ella era reina y señora del negocio. En su calidad de Directora General y Chef Ejecutiva, podía hacer y deshacer a su antojo. Sólo veía al Consejo en la Asamblea Anual, cuando entregaba a sus parientes el Informe Financiero y los correspondientes cheques de beneficios.

—Ok, Marce. Entonces tienes mucho trabajo —ahora fue Micaela quien sonrió y guiñó el ojo—. Prepara una presentación convincente para el Consejo, que no le queden dudas de la conveniencia de la operación y cuáles serán los beneficios para ellos. Pero, por favor, todavía no los convoques. Dame unos días más para tomar mi decisión final. ¿De acuerdo?

—De acuerdo, Mika. Pero no demores mucho ¿ok? —Marcela se levantó de su silla y se acercó a Micaela para despedirse con dos sonoros besos en ambas mejillas—. Ahora me voy, si no, no me va alcanzar la vida. Mika bonita, no lleves sola esta situación con Lucía, siempre estaré para escucharte y apoyarte.

—Gracias, Marce. Te lo agradezco muchísimo.

Al día siguiente, más descansada pero muy intranquila por no haber podido contactar a su novia (Raquel le decía que Lucía no quería hablar con ella y su celular la enviaba al buzón de voz), Micaela llegó a su oficina poco después de las 10:00 am.

—Chef, qué bueno que llegó —le dijo Paula, en cuanto la vio entrar—. La está esperando la nueva becaria de la universidad. Pero ya me trae loca. Quería pasar a la cocina y esperarla ahí, pero me opuse. Insistió tanto, que opté por pasarla a su oficina para que echara un vistazo desde ahí.

—Hiciste bien, Paula, gracias —dijo Micaela sonriendo—. Entonces, de eso me ocuparé ahora.

Contenta y con un fuerte deseo de ver a Mousse de Mango, Micaela abrió la puerta.

Sin el gorro de cocina, Micaela vio el cabello de la muchacha como no había podido apreciarlo la víspera, corto hasta la barbilla, con fleco, lacio pero curvado hacia adentro en las puntas, perfectamente bien cepillado y con un corte moderno, pero sin exagerar, el cual enmarcaba el equilibrado rostro de la chica. La vio más bella que el día anterior.

Cuando la oyó entrar, la nueva becaria sonrió embelesada y saludó a Micaela con la mano extendida.

—Chef Curien, muy buenos días. Pues aquí me tiene ya.

—Buenos días, Gaby —correspondió Micaela con seriedad—. Bienvenida. Toma asiento, por favor.

En un impulso extraño, Micaela no sentó a la becaria en una de las sillas de visita frente a su escritorio como hubiera hecho normalmente para que la mesa impusiera entre ellas una línea jerárquica definida, sino que la invitó a acomodarse ante la mesa de reuniones, donde estaban en una posición más de igual a igual.

—A ver, Gaby, platícame. ¿Qué esperas de tus prácticas profesionales aquí en *La Lorraine*?

—Eso es fácil de responder. Primero, aprender el oficio en el mundo real y en el mejor lugar del mundo para hacerlo. Segundo, ganarme un puesto de trabajo aquí. Y no lo busco, Chef, como hacen muchos de mis compañeros, para adquirir experiencia y luego poner sus propios negocios o colocarse mejor en las grandes cadenas hoteleras o en el extranjero. Yo quiero hacer carrera aquí porque sé que *La Lorraine* será grandiosa. En la medida que yo pueda ayudar a que ésta sea una compañía internacional, usted será exitosa, yo seré exitosa y así podré hacer lo que más me gusta, después de cocinar: viajar.

—¿Has viajado mucho, Gaby?

—No, desgraciadamente no ha estado dentro de mis posibilidades. Por eso me imagino supervisando a *La Lorraine Buenos Aires* o *La Lorraine Dubai*. ¡Sería estupendo! —Mousse de Mango bajó la vista apenada al darse cuenta que se había dejado llevar por el entusiasmo—. Lo siento, Chef. Usted ni siquiera me ha aceptado aquí para hacer mis prácticas y yo ya estoy viajando a Dubai. Siempre me han dicho que soy demasiado impulsiva, pero durante mis estudios en la universidad nunca me perdía ni una sola de sus conferencias, por lo que sé que usted tiene la misma manera de pensar, además que posee el empuje, la madera y el talento para lograrlo.

Micaela estaba anonadada. Independientemente de que la adularan o no, eso era parte rutinaria de las entrevistas de trabajo y ella optaba por no creerlas, esta jovencita tenía una visión muy audaz e innovadora del negocio. No solamente quería hacer pasteles, sino que quería, de verdad, ser una profesional de la industria restaurantera. Además, según había comprobado el día anterior, también tenía talento en la cocina y por ahí decidió empezar.

Tomó el teléfono colocado en la mesa para comunicarse con su secretaria.

—Paula, ¿podrías por favor localizar a Vero y pedirle que suba? —Y, dirigiéndose a Mousse de Mango—: Bien, Gaby, como triunfadora del concurso el día de ayer, por tus calificaciones, por las referencias que tengo de ti y por lo que hemos platicado, no tengo ningún inconveniente en aceptarte para realizar aquí tus prácticas profesionales.

—Gracias, Chef —dijo la chica con un brillo de satisfacción y triunfo en los ojos—. No se arrepentirá.

—Iniciarás un servicio rotativo que te hará pasar por cada una de las estaciones de la cocina. Cada jefe de estación te indicará tus obligaciones y marcará los turnos y horarios que deberás cumplir. El restaurante cierra los lunes y, por lo mismo, ése será tu día de descanso. No te hagas muchas expectativas respecto de horarios fáciles.

—No se preocupe, Chef. Trabajaré duro.

—También se te instruirá sobre las normas de operación. No son difíciles, pero sí de aplicación rigurosa. Puedes usar la casaca del uniforme de tu escuela, a fin de cuentas es tu "alma máter" y estás aquí desarrollando actividades académicas, siempre y cuando ésta sea blanca. No estoy de acuerdo con los colores modernistas que usan a veces los estudiantes. Pero puedes usar el uniforme de *La Lorraine*, si así lo deseas.

—¿De verdad puedo hacer eso? Será un orgullo portar la chaqueta con el emblema de esta casa, créame.

Micaela alzó la ceja con escepticismo. Todavía no podía estar segura de cuánto la muchacha decía esas cosas por adularla.

—Tampoco —continuó Micaela—, podrás usar condecoraciones que no te correspondan o que no te hayas ganado verdaderamente. Ya ha sucedido antes, así que no quiero fanfarrones aquí. Si vas a portar las insignias de la Cofradía de la Ensalada Rusa, valga el ejemplo, más te vale que pertenezcas realmente a la susodicha cofradía. ¿Te queda claro?

—Me queda clarísimo, Chef —Mousse de Mango rió alegremente de la broma y contagió a Micaela con su risa, cristalina y sincera.

Continuaban riéndose cuando entró a la oficina la jefa de la estación de repostería.

—Buenos días, Chef. Buenos días, señorita.

—Hola, Vero, siéntate por favor —saludó Micaela—. Mira, te presento a Gabriela Nava. Hará sus prácticas profesionales con nosotros durante los próximos seis meses.

—Mucho gusto, Gabriela —dijo Vero amablemente.

—Gaby, basándome en el proyecto que presentaste ayer, asumo que tienes orientación especial hacia la repostería, así que he decidido que inicies tu rotación en esa estación. Verónica es nuestra jefa de repostería y, como podrás apreciar, presenta un avanzado estado de embarazo —Micaela sonrió con ternura hacia la aludida—. ¿Cuánto tienes, Vero? ¿Siete meses?

—Siete y medio ya —contestó la futura mamá, acunando su vientre con cariño.

—Como verás, Gaby, Vero nos dejará pronto por causa de su bebé, así que ocasionará un hueco difícil de llenar. El contar con gente lo mejor capacitada posible que pueda sernos de utilidad durante su ausencia, será importante. Así que ése es un motivo ulterior para asignarte a su equipo durante las próximas semanas.

—Me parece perfecto, Chef. —Mousse de Mango sonrió con dulzura hacia Vero—. Me encanta la idea.

Por cierto, Gaby, ya tendremos oportunidad de platicar de tu proyecto del concurso —dijo Micaela—, pero tengo una curiosidad. ¿Dónde obtuviste la base de porcelana?

—¿Le gustó, Chef?

—¡Mucho! —contestó Micaela asintiendo.

—Ah, pues lo diseñó y fabricó mi hermano, en base a unas ideas mías, ex profeso para el concurso de ayer. Él es ceramista y está terminando de montar una exposición. Si le gustó su trabajo, le traeré una invitación.

—Te lo agradeceré mucho, sí. Es una maravillosa pieza de cerámica artística que combinaba perfecto con tu mousse.

—Gracias, Chef.

—Vero, quedas a cargo de Gaby. Hazle un tour para que conozca las instalaciones, preséntala al personal y explícale sus principales obligaciones. Que entre a partir de hoy, o a más tardar mañana sábado al rol de turnos de trabajo. También, ocúpate de que en almacén le entreguen su juego de uniformes. ¿Alguna pregunta?

—Ninguna, Chef —contestó Vero—. Así se hará.

—Gracias, Chef, le reitero mi compromiso —dijo Mousse de Mango, emocionada.

—Aquí tengo política de puertas abiertas, Gaby. Siempre estoy abajo, así que cualquier cosa que necesites, sólo coméntamelo —Micaela se levantó de la mesa para indicar que daba por concluida la reunión—. Que tengan ustedes un buen día.

—Buenos días, Chef —expresaron las dos, casi a coro, mientras se dirigían hacia la puerta de la oficina.

—Ah, y Gaby, bienvenida a bordo —alcanzó a decir Micaela antes de que salieran. Mientras se dirigía a su escritorio, el corazón de la Chef latía inusualmente desacompasado.

Días después, Micaela salió acongojada del hospital. Luego de múltiples intentos, aún no había podido comunicarse con Lucía y, mucho menos, verla. Sólo había alcanzado a tener algunos contactos ocasionales con Raquel quien le informaba la evolución del estado de salud de su hija y le reiteraba que ésta no quería hablar con ella y que tampoco deseaba verla, sin darle mayores explicaciones. El celular de Lucía permanecía apagado y transfiriendo las llamadas al buzón de voz.

Ante tanta incertidumbre, decidió presentarse en el hospital, a sabiendas de los riesgos que eso implicaba, y recibió con gran frustración la noticia de que Lucía había sido dada de alta esa misma mañana.

Al regresar hasta su automóvil, se percató de que ahí había dejado abandonado su celular, el cual tenía ya cinco llamadas perdidas, todas de su oficina. Con cierta alarma pulsó la tecla programada de marcado rápido.

—Restaurante *La Lorraine*, a sus órdenes —contestó Paula con profesionalismo.

—Paula, buenas tardes. ¿Qué está pasando? ¿Por qué tanta insistencia?

—Buenas tardes, Chef. Tenemos una crisis por aquí. Ya habiendo iniciado el trabajo del día, Vero rompió fuentes y se le adelantó el parto seis semanas.

—¿Y qué hicieron?

—Parece que estaba con la señorita Gaby, ésta llamó a la ambulancia y los paramédicos llegaron a tiempo. Vero ya está siendo atendida en el hospital y tengo informes que todo va evolucionando bien.

—Qué bueno. ¿Le avisaron a su esposo?

—Así es. Lo hizo también la señorita Gaby y él ya está con Vero en el hospital. El problema es que hoy es la cena del Museo Metropolitano y el pedido se quedó inconcluso.

—Yo estoy yendo para allá. Pero que ese trabajo lo resuelva Alberto.

—Ése es el segundo problema, Chef. El Sous Chef no está. Habló temprano para avisar que tenía un asunto personal y que llegaba más tarde. En este momento está monseur Dubois en la cocina viendo qué se va a hacer. ¿Gusta hablar con él?

—No. Nada más avísale que voy para allá. Gracias Paula, ahora te veo.

Muy extrañada por la ausencia de Alberto, Micaela cortó la llamada y se dirigió al Restaurante. Cuando llegó, la estaba esperando monseur Dubois con una sonrisa, lo que alarmó más a Micaela.

—Mika, ¿puedo hablarte en tu oficina?

—¿No puede esperar, Armand? Tengo que atender lo del Museo.

—Es sobre eso de lo que quiero discutir, Mika. Antes que vayas a la cocina.

Entrando a su oficina, Micaela se asomó a la cocina desde su ventanal esperando ver una verdadera anarquía, con el pedido del Museo a medio terminar, sin empacar y todo desordenado sobre las mesas de repostería. Quedó pasmada al ver todo lo contrario.

Los operarios de transporte sacaban en las charolas apropiadas, los pastelillos de moka envueltos y listos para su introducir en el vehículo. Los asistentes de repostería y de otras áreas, empacaban los merengues almendrados mientras otros sacaban las últimas piezas de los hornos. Mousse de Mango rellenaba con cuidado y arte las tartaletas de cereza y daba instrucciones a un ayudante de almacén sobre algo.

—¿Quién organizó el proceso, Armand?

—Trata de adivinar. La estás viendo trabajar.

—¿Mousse de Mango coordinó todo esto?

—¿Quién dijiste?

—Perdón, Armand —rió Micaela apenada—. Es un mote que se me ocurrió y que he estado usando hacia mí misma para referirme a Gaby. Por favor, no lo menciones públicamente.

—No te preocupes, niña, por mí no lo sabrá nadie —monseur Dubois también rió con gusto—. Pues sí, la señorita Gaby se ha hecho cargo de toda la crisis. Desde proporcionarle a Vero los primeros auxilios, llamar a la ambulancia, avisar al hospital para que la esperaran, comprobar que se fuera bien e incluso comunicarse con el esposo de Vero. Luego le pidió personal auxiliar a los otros jefes de estación, quienes no han tenido dificultad para apoyarla y organizó todo el trabajo para salir a tiempo y con galanura del pedido del Museo. Y creo que lo ha hecho bien. Por eso no quería que la interrumpieras, no fueras a inhibirle la inspiración con tu presencia.

—Eres un viejo sabio, Armand —dijo Micaela con cariño—. ¿Y qué ha hecho Gloria, la asistente de Verónica? A ella le hubiera correspondido, en teoría, tomar el mando.

—En teoría, tú lo has dicho. En realidad Gloria se quedó pasmada como conejo lampareado. Aceptó sin chistar el liderazgo de la señorita Gaby y ha estado trabajando con ella sin descanso desde temprano, pero creo que le vino bien que otra tomara la responsabilidad.

—¡Vaya! Quién lo diría.

—La señorita Gaby me recuerda mucho a ti, hace cinco años, cuando falleció tu padre y te hiciste cargo del negocio.

—Hace cinco años tenía yo casi la misma edad que tiene ella ahora —mencionó Micaela con nostalgia—. Acababa yo de regresar de Francia.

—Me da la impresión de que es como tú, una líder natural. Habría que ver si tiene tu fortaleza.

—Ahora resulta que te estás enamorando ¿eh, viejito rabo verde? —bromeó Micaela—. ¡Y la vas a querer más que a mí!

—Eso nunca, niña, eso nunca —dijo solemnemente monsiur Dubois—. Pero sí es un hecho que tiene un carácter ligero y en muy poco tiempo se ha dado a querer por todos. Creo el único con quien no se lleva muy bien es el Sous Chef Alberto.

—Alberto tiene un trato difícil, efectivamente. Luego platicamos acerca de tu opinión sobre su ausencia y el porqué no se presentó a resolver la crisis.

—Deberemos esperar a que nos dé una explicación convincente.

—Y hablando de Alberto, ya llegó y está discutiendo con Gaby. ¡Vamos, rápido!

Micaela y monseur Dubois bajaron apresuradamente.

—Pues si no le gustan las medidas que se adoptan, esté aquí para tomar las decisiones en los momentos oportunos — alcanzó Micaela a escuchar a Gaby con voz pasada de tono cuando entró a la cocina.

—A ver, jóvenes, ¿qué está sucediendo aquí?

—Chef Curien, buenas tardes —dijo Gaby, poniéndose pálida como la cera.

—Nada, Chef —dijo Alberto muy enojado—, sólo que esta señorita se ha tomado demasiadas atribuciones que no le corresponden.

—¿Cómo cuáles, Alberto? —inquirió Micaela con actitud poco amigable.

—En primer lugar, tomó el mando del proyecto, cuando sólo es una becaria, pasando sobre la autoridad de Gloria.

—Perdón, Chef —intervino la aludida—, Gaby no tiene la culpa de eso. Yo se lo pedí porque está mejor preparada que yo para hacerlo —Gloria recibió, simultáneamente, las miradas de agradecimiento por parte de Gaby y de ultimátum por parte de Alberto.

—Y no sólo eso, solicitó personal a los jefes de estación sin tener en cuenta los niveles jerárquicos. En segundo lugar, Chef —continuó el Sous Chef—, la señorita decidió, en contra de los procedimientos establecidos, que las tartaletas de cereza viajarían sin crema chantilly y que ésta se prepararía y se aplicaría ya en el Museo, lo que implica enviar personal de cocina, del que no disponemos, a la cena de hoy. Independientemente del traslado de equipo y recursos materiales.

—Chef Curien... —trató de explicar una compungida Gaby. Micaela le pidió silencio con un gesto.

—Y por último —dijo Alberto, enumerando con los dedos para resaltar sus acusaciones—, asumió que quien debía asistir al banquete a preparar "sus" tartaletas, era ella misma. ¿Desde cuándo los becarios se hacen cargo de proyectos de campo?

—Chef —insistió Gaby—, a estas alturas o me quedo yo o se queda Gloria a atender aquí la estación de repostería durante el turno de la cena. Y ella es la que tiene la experiencia en el restaurante y conoce las necesidades de la carta. Yo mañana apenas cumplo una semana y, a fin de cuentas, cualquiera puede poner crema chantilly en una tartaleta —dijo viendo con cierta sorna al Sous Chef—. Y la calidad de la crema recién batida, fría, sólida, esponjosa, siempre será mejor que una aplastada y aguada. Y la diferencia en costo, lo justifica.

—Independientemente, Chef —continuó martillando Alberto—, la actitud de la "becaria" no ha sido con el respeto y la disciplina que le debe a sus superiores.

—Bien, hoy ha sido un día crítico, así que tomaremos decisiones de manejo de crisis. Mañana asumiremos las acciones pertinentes. Gaby, tú sigue con el plan y vete al Museo con tus postres. Y apúrate, que ya van tarde. Ahora les ayudo. Gloria, tú te haces cargo de Repostería durante el turno de la cena. Alberto, tú y yo platicamos en corto a media tarde. ¿Ok?

—Sí, Chef —contestaron los tres, casi al unísono.

—Bien, pues pónganse a trabajar —mientras decía esto, Micaela no dejó de notar una sonrisa perversa en el rostro del Sous Chef Alberto que le provocó un escalofrío.

—Muy bien señores, ustedes regresen a su trabajo —ordenó Micaela a los dos asistentes "prestados"—, yo ayudo a Gaby y a Gloria a terminar.

—¿Usted personalmente, Chef? —preguntó Gaby azorada—. Muchas gracias.

—A ver, chicas, ¿en qué punto estamos parados?

—Falta terminar de empacar los merengues, sacar la última tanda de tartaletas del horno y rellenarlas, así como completar éstas que tengo aquí —contestó Mousse de Mango.

—Perfecto. Pues manos a la obra. Gloria, tú hazte cargo de los merengues. Gaby, termina de rellenar esta tanda y yo me ocupo del horno. ¿Te parece?

—Genial, Chef. —expresó Gaby, agradablemente sorprendida al contar con tan distinguida asistente—. ¿Gusta probar el relleno de cerezas de las tartaletas?

Ante el gesto de asentimiento de Micaela, Gaby obtuvo, con una cucharita, unas cuantas cerezas del cazo donde estaba el almíbar y, tomando una con las puntas del índice y pulgar, se la ofreció a la Chef directamente en los labios.

Micaela se quedó electrificada por lo sensual que percibió la maniobra, sobretodo porque Mousse de Mango no retiró la mirada de la suya ni un solo momento. Con los dientes agarró la cereza, preocupándose de rozar con ellos los dedos de Gaby, quien no los retiró instantáneamente.

"¿Me estará provocando intencionalmente esta muchacha?", pensó Micaela. "Ya, Mika, seguramente estás imaginando cosas que no debes y, además, portándote muy mal. Si se entera el Chef Gaytán…"

—Hummmm, Gaby. Delicioso. ¿Qué le pusieron?

—Unas rajas de canela al cocinar el almíbar y luego, y un poco de kirsh en lugar de ron —dijo orgullosamente Gaby—. ¿Le gustó?

—Sí, Gaby. Está extraordinario.

El perfume y frescura de la chica fascinaban a la Chef mientras continuaban trabajando en silencio, aunque, de cuando en cuando, Micaela era sorprendida por Mousse de Mango con la mirada fija en ella. Gaby sólo fingía ignorarla, pero una sonrisa traviesa iluminaba su rostro. Hubo ocasiones en que los inevitables roces corporales durante el proceso de cientos de tartaletas, pusieron realmente nerviosa y excitada a Micaela, quien, abochornada, rehuía el contacto como si fuera una adolescente.

—Chef Curien —le dijo Paula al regresar a su oficina—, habló el esposo de Vero para informar que su bebita nació bien. Está delicada en la sala de incubadoras debido a lo prematuro del parto, pero los médicos opinan que todo irá favorablemente. Vero se encuentra débil, adolorida y todavía atontada, pero perfectamente.

—Gracias, Paula. Démosle tiempo para recuperarse un poco y al rato intentamos hablar con ellos para felicitarlos. Por lo pronto, envía un arreglo floral de parte de todos nosotros.

—Muy bien, Chef —contestó Paula, diligente—. También habló el señor Ramón Albarrán, dice que le urge hablar con usted.

—¿Quién dijiste? —preguntó Micaela, alarmada.

—El señor Ramón Albarrán —y con voz un tanto apenada, aclaró—, creo que es el papá de la señorita Lucía.

—Sí, es él, precisamente. Lo que me extraña y asusta es que quiera hablar conmigo. Ni modo, al mal paso, darle prisa. Comunícame con él, por favor —instruyó Micaela mientras entraba en su oficina.

Cuando sonó el tono del intercomunicador, Micaela ya tenía la boca seca y las manos húmedas, por el miedo que le producía la llamada en ciernes.

—¿Diga?

—El señor Albarrán por la línea 2, Chef.

—Gracias, Paula —pausa—. Buenas tardes señor Albarrán. ¿Cómo sigue Lucía?

—Ella está bien, muy recuperada. Hoy la dieron de alta en el hospital y mañana sale de viaje por tiempo indefinido.

—Me gustaría hablar con ella.

—Pero da la casualidad, que ella no quiere hablar contigo. Y no te llamé para hablar de mi hija, te llamé porque requiero notificarte de un asunto que te incumbe a ti y a tu negocio.

—Pues, dígame usted. Lo escucho.

—Es una cuestión demasiado delicada para ser tratado por teléfono, Micaela. Yo preferiría que pasaras a mi oficina el lunes, a la hora que tú dispongas, para tratarle en persona.

A Micaela se le encogió el estomago de miedo el escuchar eso. Nada bueno podría salir de semejante entrevista, por lo que se vio en la necesidad de ponderar entre aceptarla o mandar a Albarrán a paseo. Decidió atender el requerimiento porque sabía que el padre de Lucía podía ser un enemigo peligroso y prefería saber qué se traía entre manos.

—Ok, señor. ¿Le parece que lo vea el lunes a las 4:30 en su oficina?

—Sí, aquí te espero a esa hora. Buenas tardes.

—Ahí lo veo, señor. Buenas tardes.

Micaela colgó el teléfono sintiendo un puño de temor que le atenazaba la garganta.

A la hora fijada en punto, Micaela se presentó en las oficinas corporativas de Industrias Albarrán. En forma descortés, aunque no esperaba otra cosa, la retuvieron más de veinte minutos en la sala de espera de recepción. Durante este tiempo estuvo atenta por si veía a Lucía, aunque no tenía muchas esperanzas de ello.

Ya casi a las cinco de la tarde, una secretaria la hizo pasar a la oficina del señor Albarrán.

—Buenas tardes, Micaela. Pasa y siéntate.

—Buenas tardes, señor.

—Mira, trataré de ser breve. He estado en tratos con tu tío Marcel y con tus primos, y les he comprado sus acciones de *La Lorraine Alimentos, Sociedad Anónima* —dijo lo anterior mientras sacaba de sendas carpetas los documentos que probaban su afirmación—. Ahora soy el dueño del sesenta por ciento de tu querido negocio.

—Eso no puede ser cierto —dijo Micaela mientras una capa de hielo le cubría el corazón—, ellos no harían eso sin consultarme y darme la primera opción de compra a mí.

—Para que veas que la tentación por el dinero fácil hace cometer muchas traiciones, Micaela.

—Pero esto es imposible. *La Lorraine* siempre ha pertenecido a mi familia.

—Pues más vale que te vayas acostumbrando a que eso ya cambió —dijo Albarrán, contundente—. Por ley, es el Consejo Directivo quien tiene facultades para nombrar o remover al Director General de la sociedad. Y por ley se requieren cinco días como mínimo de anticipación para convocar al Consejo. Así que mis abogados deben haber enviado desde hoy temprano a tu oficina la convocatoria para celebrar una Junta Extraordinaria de Consejo el próximo viernes. Yo no tengo la culpa que no trabajen ustedes los lunes. El único punto de la Agenda será la renuncia del Director General y nombramiento del nuevo Director. Y ahora, mi querida Micaela, los únicos consejeros seremos tú y yo. Yo con sesenta votos y tú sólo con cuarenta. Prevé el resultado. Lo único que lamento es que no pueda pedirte tu dimisión desde hoy, pero ve preparando tu entrega como Directora y como Chef para el próximo viernes. Y mis auditores harán una revisión, así que, por favor, qué no falte nada.

—¿Además de todo me acusa de ser una ladrona? —dijo Micaela con la vista nublada por el coraje.

—No, nada más me curo en salud.

—Pues está usted muy equivocado si cree que le voy a entregar la obra mi vida sin luchar.

—Pues si piensas actuar legalmente, ahí peléate con tus parientes, que vendieron. Yo no tengo la menor responsabilidad. Y si quieres contender conmigo en los tribunales, yo lo pensaría mejor, al final vas a perder y dejarás todo tu patrimonio en el proceso. Yo que tú, vendería a nuestra empresa tu restante cuarenta por ciento en este momento y rescataría algo de lo perdido.

—Se le olvida que *La Lorraine* está compuesta de tres partes: las instalaciones, el prestigio de sesenta años y el alma motriz de la organización. Usted podrá haber comprado las instalaciones y la marca, pero a mí no me compró. ¿Cómo le va a hacer para operar?

—Eso ya lo tengo resuelto. Voy a nombrar a Lucía como Directora Administrativa, al fin y al cabo para eso estudió, conoce el negocio y siempre ha querido trabajar ahí. Y el jueves pasado entrevisté al perfecto candidato para sucederte como Chef. Tiene la experiencia y conoce el qué y el cómo.

—¿Alberto? —murmuró Micaela, anonadada por los dos traicioneros golpes recién asestados—. ¡Dios mío!

—En cuanto al resto del personal, no te preocupes por ellos, podrán continuar en sus puestos, siempre y cuando se adapten a las nuevas circunstancias. Claro, sin mencionar a monsieur Dubois, a quien le haremos un conveniente plan de retiro anticipado.

—¿Cómo se ha atrevido usted a perpetrar algo tan bajo?

—Un día te lo advertí, Micaela, y no quisiste escucharme. Prometí destruirte y ahora lo voy a cumplir.

Micaela se levantó de la silla y abandonó la oficina, sin despedirse y con la cabeza en alto. De ninguna manera permitiría que la vieran salir abatida, aunque su espíritu así se sentía.

Al salir del edificio de oficinas, decidió irse al restaurante a planear su estrategia de contraataque. Trató de sobreponerse a su tristeza, a su enojo y a su frustración con tal de mantener la cabeza fría para ver si podía encontrar una solución a la peor crisis de su carrera.

Era evidente que no habían trascendido las negociaciones con *Oak Tree Franchises*. Los traidores de su tío y primos no hubieran soltado sus acciones tan rápido si hubieran estado enterados. Un perverso sentimiento revanchista la hizo sonreír amargamente al imaginar la cara que pondrían cuando se enteraran de que si hubieran esperado algunas semanas, hubieran podido vender al doble. Sobretodo, se imaginaba el berrinche de la pelmaza, pero ambiciosa, prima Bertha.

Presumía que tampoco Albarrán estaba enterado. Si lo estuviese, sus actitudes y sus exigencias estarían en otro tenor. Ese hecho podía representarle una ventaja. Todo dependería de cómo negociara a corto plazo con *Oak Tree*. Si a ellos les interesaba firmemente la presencia de Micaela en el negocio, tendría una baza que le permitiría presionar a Albarrán y, tal vez, hasta sacarlo de la jugada. Si a la corporación sólo le interesaba la marca, sin importar la participación de Micaela, entonces estaría perdida.

Pensó que un pleito judicial no le resolvía nada a corto plazo. Albarrán tenía razón en que ella contaba con pocas posibilidades de ganarle y nada más desgastaría recursos y energía que podría utilizar mejor en otras iniciativas. Entablar una demanda contra sus parientes sólo podría estar fundamentada en que no habían respetado su primera opción de compra. Después de desgastantes años de recorrer tribunales, tal vez obtendría una magra indemnización, pero no recuperaría su negocio, así que su mejor opción era la negociación con la directiva de *Oak Tree*.

Lo más lesivo ni siquiera era la pérdida de su negocio, a fin de cuentas siempre podría volver a empezar. Lo más doloroso de todo esto era la traición. Había sido traicionada por su tío Marcel y por sus odiosos primos Nicolás y Bertha. Con el agravante que habían envilecido la memoria del abuelo y la tradición familiar. Había sido traicionada por Alberto, quien se suponía era su mano derecha y que ahora se mostraba como rata de albañal. También había sido traicionada, y sus ojos se llenaron de lágrimas ante tal pensamiento, por Lucía, su querida Lucy. Tal vez el amor se había acabado o nunca realmente lo hubo, pero no se merecía esto. ¡Aún no lo podía creer! El problema era, ¿en quién podría confiar ahora?

Necesitaba a Marcela Figueroa para llevar a cabo las finísimas y secretísimas negociaciones sobre la franquicia si quería salvar a *La*

Lorraine, tal como ella la concebía, pero Marcela ya había dicho que se quería subir a la ola. ¿Y si se subía a la ola con Micaela o sin ella? ¿Y si Albarrán le llegaba al precio? Eso sería el último clavo en el ataúd de su proyecto de vida.

Marcela, además de su contable y consultora financiera, había sido su estrecha amiga, ya desde hacía muchos años. A pesar de la diferencia de edades, Marcela, siendo quien llevaba los libros de contabilidad a su padre, había sido una leal camarada durante su adolescencia. Al haber carecido de mamá desde muy pequeña, Marcela, de alguna manera, fue su referente femenino. Mientras Micaela estudió en París, se escribieron con frecuencia y, a partir de que Micaela tuvo acceso a Internet, casi a diario.

Micaela consideraba imposible una mala jugada proveniente de Marcela, por lo que decidió confiar en ella y fundamentar en su colaboración el éxito de su titánica lucha.

Utilizando el sistema a manos libres del teléfono del auto trató de comunicarse con su amiga, pero en su oficina le informaron que había salido a una reunión con un cliente y que ya no regresaría por esa tarde. Marcó al celular y le transfirieron la llamada al buzón de voz.

—Marce, soy Micaela. Por favor, me urge comunicarme contigo, es una emergencia. Llámame en cuánto escuches este mensaje, no importa la hora que sea. Un beso, ciao.

Cuando parqueó el automóvil en su lugar reservado, se extraño de ver luces encendidas en el interior del Restaurante, ya que, por ser lunes, éste estaba cerrado.

—Buenas tardes, Chef —la saludó el oficial de seguridad.

—Buenas tardes, oficial. ¿Hay alguien adentro?

—Sí, Chef. Está la señorita Gabriela. Me dijo que iba a terminar un proyecto pendiente.

—Gracias, oficial. Por cierto, ¿han traído correspondencia inusual el día de hoy?

—Así es, Chef. Por la mañana entregaron un sobre dirigido a usted por medio de mensajería especializada. Lo puse en la mesa de la señora Paula.

—Gracias. Estaré aquí por algunas horas. Si llega la contadora Figueroa, la hace pasar, por favor.

—A sus órdenes, Chef.

Micaela subió rápidamente a su oficina. No estaba con ánimos para socializar con Mousse de Mango y tenía urgencia de analizar la convocatoria enviada por los abogados de Albarrán. Vio el sobre y, tomándolo, se introdujo en su oficina.

Como primer paso, encendió su PC para consultar su correo y las reservaciones del día siguiente, más por costumbre que por un interés real. En lo que esperaba la carga del sistema operativo, se asomó por el ventanal hacia la cocina y vio a Mousse de Mango altamente concentrada en lo que estaba haciendo, cantando y medio bailando al ritmo de lo que seguramente escuchaba a través de los audífonos de su reproductor mp3.

En la tabla de amasado vio una perfecta pasta hojaldrada lista para ser usada. Gaby separó las yemas de cuatro huevos y las batió con un batidor de alambre, mezclando un poco de crema. Luego sacó queso parmesano rallado y queso suizo del frigorífico. Ralló el queso suizo en el procesador de alimentos y mezcló la ralladura con el huevo y la crema y añadió el queso parmesano. Evidentemente estaba preparando una quiche. Le llamó la atención, sin embargo, que Mousse de Mango usara su día libre para ensayar un plato que se preparaba rutinariamente en esa cocina como una de las especialidades de la casa, la quiche Lorraine. Aunque analizando a fondo, no veía ni el tocino ni la cebolla, fundamentales en dicho plato. Y el parmesano era una innovación.

En un momento dado, Gaby desapareció de la vista de la Chef y regresó a los pocos segundos trayendo en las manos dos latas de ostras ahumadas en aceite. Abrió las latas y decantó el líquido en la mezcla de la quiche y puso las ostras en la tabla de picar. En ese momento la curiosidad pudo más que ella y Micaela decidió bajar a ver qué locura estaba haciendo la becaria.

—¡Chef! Qué susto me dio. No esperaba a nadie —dijo Gaby quitándose los audífonos y apagando su mp3.

—Hola, Gaby. ¿Qué estás haciendo por aquí hoy?

—Es que tengo algunas ideas que quería probar. No le molesta, ¿verdad? Yo puedo reponer los ingredientes, pero los equipos que hay aquí son insustituibles.

—No me molesta en lo más mínimo, Gaby. Y no es necesario que repongas nada. Nada más no abuses —dijo Micaela, sonriendo.

—No, Chef. Cómo se le ocurre.

—¿Qué preparas, Gaby?

—Una quiche de ostras ahumadas que estoy diseñando. ¿Qué le parece?

—Me parece una combinación de sabores medio extraña, la cual vería yo con escepticismo, pero confío mucho en tu talento innovador, así que ya veremos. ¿Puedo quedarme a ayudar?

—¡Chef, por supuesto! —dijo Gaby ruborizada—, no tiene ni que preguntar, es su cocina.

—En este momento es la tuya, así que tú diriges. ¿Qué música estabas escuchando?

—De todo un poco: retro, balada romántica, soundtracks de películas, rock actual...

—Subo a mi oficina por un sistema de altavoces que tengo y así escuchamos las dos. ¿Te parece?

—Sí, genial. Mientras voy picando las ostras y poniéndolas en la mezcla

Mientras subía a su oficina Micaela pensaba en qué impulso le había hecho auto invitarse al ensayo de Gaby y llegó a la conclusión de que tal vez era la última ocasión de disfrutar en paz la cocina que tanto amaba. Al llegar a su oficina, vio el sobre con la documentación enviada por Albarrán aún intacto sobre su escritorio. El día de hoy ya no podía hacer mucho por su causa, la lucha encarnizada empezaría hasta el día siguiente así que lo tomó y guardó cuidadosamente en una de las gavetas del escritorio, al mismo tiempo que apagaba también la PC a la que ya no daría uso, por el momento. ¿Por qué no darse un último día de relax? Y estaba Gaby, por supuesto, solamente Gaby, pero eso no lo reconocería ni muerta.

Cuando regresó, con los altavoces en mano, ya la chica había terminado su relleno y estaba colocando la masa sobre el molde y luego, con experiencia, recortó los sobrantes. Después, puso el relleno dentro de la concha de hojaldre. Mientras, Micaela encendió la música y el ambiente se volvió festivo y amigable.

—Gaby, dejaste aquí estas ostras.

—Sí, Chef, esas las dejé de adorno para el final.

—Ah, ok. Ya voy entendiendo.

—Oiga, Chef —preguntó Gaby, un tanto tímida—, ¿ya comió?

—No, la verdad es que no. Y realmente, ya que lo mencionas, estoy empezando a sentir hambre.

Y así era. Desde un temprano desayuno, no había probado bocado. Debido a los nervios de la entrevista con Albarrán se había saltado el almuerzo y después, gracias al enojo y a la frustración, se había olvidado totalmente de los alimentos.

—Entonces, Chef —dijo Gaby, con alegría—, permítame que le prepare una cena completa. Yo sólo iba a cenar mi quiche, pero ya que está usted aquí, vale la pena un esfuerzo adicional. ¿Le gustaría la quiche de ostras como plato principal? —aventuró dubitativa.

—Me arriesgaré —contesto, muy seria, Micaela.

—Qué mala es usted, Chef —dijo Gaby sonriendo—. ¿Le apetece que ponga a enfriar una botella de vino blanco para acompañar la cena?

—¿Te aventuras a bajar tú sola a la cava?

—¿Yo? Claro. Ahora le pido al oficial que encienda las luces. Usted sólo présteme las llaves. Pero primero —dijo Gaby en forma encantadora—, metemos el hojaldre al horno y contamos 25 minutos.

Mientras Gaby estuvo ausente, Micaela no pudo dejar de pensar en la sugestiva mujer que sintetizaba hermosura, talento y gentileza en una sola persona.

—Chef, traje una botella de Château Nairac 2007 —dijo Gaby al regresar de la cava. ¿Le parece adecuada?

"Demonio de muchacha", pensó Micaela. "Es una de las botellas más caras de la carta de vinos"

—Sí, me parece perfecta tú elección —contestó Micaela, divertida—. Déjame ponerla a enfriar en una hielera.

—Chef, ¿no le importa que el menú esté basado en queso? Puedo hacer una ensalada con queso de cabra.

—No, el queso me parece delicioso, adelante.

Mientras Micaela ponía a enfriar el vino, Gaby sacó los implementos para preparar una ensalada. Puso lechuga y queso de cabra y, bajo la atónita mirada de la Chef, preparó una vinagreta con balsámico y... ¿mermelada de zarzamora?

"Vaya, esta niña lleva la nouvelle cuisine a terrenos muy audaces" pensó Micaela. "¿A qué sabrá lo que está haciendo?"

—Chef, ¿le parece bien cenar aquí en la cocina? —preguntó Gaby—, el salón comedor es muy frío estando vacío.

—Estoy de acuerdo contigo, Gaby. Cenamos donde tú quieras.

Gaby montó la ensalada en una hermosa presentación y colocó dos adorables puestos, con florero incluido, en una mesa de trabajo que se prestaba para eso.

En su momento, sacó la quiche del horno y Micaela quedó admirada por la perfección de la pieza, en color, inflado y textura perfecta. Con las ostras enteras que había guardado, dibujó un corazón en el centro de la pieza como elemento decorativo. Realmente quedó tanto hermosa como apetitosa, digna de ser fotografiada para ilustrar un libro de cocina.

"¿El corazón significará algo?", se ilusionó Micaela. "Ya, Mika, contrólate. ¡Caramba!"

—La cena está servida, Chef —dijo Gaby con gracia, mientras presentaba la quiche sobre la elegante mesa.

Micaela se sentó extasiada mientras Gaby buscó un abridor de corchos, colocaba una servilleta a la botella de vino y la abría con pericia. Al notar la mirada de asombro de la Chef Curien, dijo sonriendo, mitad en broma y mitad en serio:

—Otra de mis habilidades, Chef. Ya sabe, cuando falte el sommelier, yo puedo sustituirlo.

A Micaela se le ensombreció la mirada al recordar que, tal vez, el sommelier ya no tendría oportunidad de ausentarse, por lo menos estando ella a cargo.

—¿Qué le pasa, Chef? —preguntó Gaby, preocupada— ¿Dije algo inconveniente?

—No, Gaby, de ninguna manera. Discúlpame. A ver, cata el vino y si lo apruebas, sírvelo y siéntate que ya desfallezco de hambre.

—Con gusto, Chef, será un honor.

Micaela degustó la cena con fruición. La ensalada la encontró novedosa y heterodoxa, pero deliciosa. Sin embargo, cuando comió el primer bocado de la quiche, comprobó que el talento de esa mujer en la cocina era fuera de serie.

La plática fue más que amena y Micaela descubrió a un ser humano creativo, esforzado, sin prejuicios, de conversación sumamente agradable y, sobre todo, con una risa contagiosa y divertida.

—¿Le gustó, Chef? —preguntó Gaby con ansiedad.

—Hummm, Gaby, me encantó. Esto es un platillo de dioses. Te felicito.

—Gracias, Chef. Confiaba en que le gustara. Ahora pensemos en el postre. Creo que tenemos pocas opciones que no sean pastelillos sobrantes de ayer.

Gaby se dirigió al frigorífico y regresó con dos peras, un limón y una barra de mantequilla.

—A ver qué podemos lograr con esto —dijo.

Lavó las peras y las peló con un cuchillo filoso. Puso una sartén al fuego y mezcló la mantequilla con una generosa cantidad de azúcar. Una vez que ambos ingredientes estuvieron fundidos, puso las peras partidas por la mitad sobre la mezcla y agregó el jugo del limón. Luego un poco de agua para evitar que se quemara la preparación y dejó las peras cociéndose. Micaela la observaba atentamente sin estar muy segura de hacia dónde quería llegar Mousse de Mango con todo eso.

—¿Me prestaría nuevamente las llaves de la cava y del bar, Chef?

"Ah, ya creo saber lo que pretende", se dijo Micaela, "Espero que no nos cueste muy caro esta vez"

—Claro, Gaby. Baja con cuidado.

—No me tardo. Le encargo las peras, muévalas de vez en cuando, por favor.

Gaby regresó de la cava con media botella de un tinto Rivera del Duero y, del bar, trajo una botella de calvados. Abrió rápidamente el vino y lo vació en la sartén sobre las peras y esperó a que entrara en ebullición.

Micaela la veía hacer con una sensación extraña en su interior. Cuando Gaby calentó un poco de calvados en un pequeño cucharón y, una vez caliente, lo encendió para flamear las peras, se percató de dónde venía su sentimiento: hacía muchos años que nadie cocinaba para ella, probablemente desde las épocas en que su padre aún vivía. La costumbre era que ella cocinara para alguien y no al revés. Cada ocasión que estaba con alguna persona que podría tener el bonito detalle de compartir con ella el pan y la sal, si ese alguien tenía alguna habilidad culinaria, aunque fuera hacer emparedados, esa aptitud era inhibida por la presencia de la famosa Chef Micaela Curien, quien acababa cocinando. Sin embargo, Mousse de Mango no se inhibía y con profunda seguridad ante su propio arte, lo ofrecía con generosidad. La sensación era verdaderamente novedosa y extraña para Micaela.

Abstraída en sus pensamientos, Micaela se recreó con el hermoso fuego del flameado que cristalizó el original postre. No hace falta decir que las peras al vino tinto satisficieron todas las expectativas de ambas comensales, quienes las disfrutaron mientras solidificaban, cada vez más, los lazos de una incipiente amistad.

—Delicioso, Gaby. Fue una cena maravillosa. Y la pasé estupendamente.

—Me alegro mucho, Chef. Que tenga una linda noche, yo me quedo a limpiar y a ordenar.

—¡De ninguna manera, Gaby! Lo hacemos juntas, faltaba más.

Y cantando y bailando al ritmo del mp3, todavía pasaron un lúdico rato lavando loza y ordenando la cocina para el inicio, temprano al siguiente día, de las operaciones normales de *La Lorraine*.

Micaela Curien se admiró de la gran paradoja consistente en que uno de los peores días de su vida haya terminado con una de las mejores veladas de las que tenía memoria.

—Muchas gracias, Chef. Fue una jornada fantástica. Buenas noches.

Gaby dudó entre extender su mano solamente para despedirse o hacerlo besando a la Chef en las mejillas. Decidió por esto último, pero Micaela aprovechó su titubeo para posar con delicadeza sus labios sobre los de la muchacha en un beso cargado de ternura. Gaby se sobresaltó, pero rápidamente se sobrepuso, acercó su cuerpo al de la Chef y abrió sus labios para colmar el beso de erotismo. Micaela perdió el control y saboreo con labios y lengua el beso que se le ofrecía hasta que, como mazazo, los recuerdos de Lucía y de su propia situación actual, la hicieron recobrar la lucidez.

—Perdóname, Gaby —dijo rompiendo el contacto—. No sé que me pasó, discúlpame. No volverá a suceder.

Y rápidamente salió de la cocina, dejando a Gaby totalmente pasmada.

Al día siguiente, al llegar al Restaurante, Micaela se extrañó que el saludo de los pocos empleados que ya habían llegado, fuera frío y lejano, y más aún cuando al subir a su oficina, se encontró con una Paula lacrimosa que no pudo aguantar más el llanto en cuanto la vio.

—¡Chef! —dijo Paula a través de lágrimas incontenibles—, ¿es cierto que se va?

—Pero, ¿quién demonios...? —dijo Micaela estupefacta—. ¡Alberto! Claro. Seguro que la rata ya empezó a presumir sus treinta monedas.

—Ya veremos —dijo Micaela enojada y amenazante—, ya veremos. Por lo pronto, seca esas lágrimas, Paula, son prematuras —y siguiendo un impulso extraño en ella le dio un beso en la frente a su fiel secretaria—. Ahora, comunícame con Marcela Figueroa.

—Acaba de llamar. Viene para acá.

—Perfecto. En cuanto llegue la haces pasar. Gracias, Paula.

Ya adentro de su oficina, fue seguida por monseur Dubois.

—¿Qué está pasando niña Mika? Todo eso se ha convertido en un pandemónium de rumores.

—Pues he sido traicionada por muchos, sospecho que incluso hasta por Lucía —contestó Micaela con lágrimas en los ojos—. Parece que voy a perder todo esto a partir del próximo viernes.

—¿Cómo es posible, Mika?

—No lo sé, Armand. Ni yo misma lo entiendo todavía. Pero es un hecho que voy a luchar con todo lo que tenga a mi alcance. Sin embargo, mis posibilidades reales penden de hilos muy delgados y no sé si disponga del tiempo que necesito.

—Pues cuenta conmigo para todo. Y adonde tú te vayas, por favor, llévame contigo.

—Gracias, Armand. Tú no te preocupes, en el peor de los casos, negociaré un plan de retiro anticipado para ti. Tú no tienes que padecer más de lo necesario por esta situación.

—Gracias, Mika, pero no es menester que te molestes por mí. Lucharé a tu lado y compartiremos destinos. Ahora de quien tenemos que cuidarnos es de Alberto, ya se siente el dueño de la cocina y está causando mucho ruido.

—Habrá que controlarlo, sí. Y el rumor también lo combatiremos con la verdad. Convoca, por favor, una reunión de información para todo el personal para dentro de hora y media en el salón.

—Así lo haré, Mika. Levanta el ánimo y adelante. Tú siempre triunfas.

—Gracias Armand —contestó la Chef con una media amarga sonrisa.

Cuando monseur Dubois hubo salido, llamaron a la puerta y casi sin esperar una autorización para entrar, Mousse de Mango hizo acto de presencia.

—Chef, ¿me permite un momento?

Micaela estuvo a punto de decirle que estaba ocupada y de pedirle que esperara hasta después de la reunión con todo el personal, pero el recuerdo de la velada pasada la hizo desistir.

—Mira, Gaby, ya te dije que lo de anoche…

—No vine a hablar de eso, Chef —dijo Gaby con mucha tristeza

—Dime entonces, Gaby, ¿en qué te puedo ayudar?

—Chef, Usted anoche ya lo sabía, ¿no es verdad? Eso explica esos momentos en que sus ojos reflejaban tristeza. Usted debe decir "y, bueno, a ésta eso qué le importa". Pero me hubiera gustado mucho que me lo dijera y que no lo sufriera sola. Ya sé que no soy nadie para que usted se fíe de mí y no debe considerarme digna de compartir semejante información, pero eso es lo que le quiero decir —un destello de dolor inundó los ojos de Mousse de Mango cuando dijo esto último—. Me encantaría que confiara en mí porque va a necesitar aliados. Quiero manifestarle que yo seré uno de ellos. Porque va a luchar ¿verdad?

—Sí, Gaby, vamos a luchar —dijo Micaela conmovida—. Nuestros márgenes son escasos, pero pelearemos.

—Me alegro tanto, Chef —dijo Gaby, esbozando una sonrisa—. Porque debe saber que yo no me quedaré aquí, si usted se va.

—Pero Gaby, eso retrasará tu titulación.

—Lo sé, Chef. Pero prefiero perder un semestre en mi titulación que seguir trabajando con Alberto. Además, con toda seguridad, la Universidad la apoyará a usted, así que adonde usted vaya, espero que conserve sus potestades académicas y pueda yo acompañarla.

»Pero eso no es lo importante. No importa lo que yo pierda. Lo que es primordial salvar es su proyecto. Yo sé que sólo soy una pieza menor y de reciente ingreso, pero cuente conmigo a la hora de librar su cruzada. Es todo lo que quería decirle —dijo Gaby con la voz quebrada por la emoción—. Que tenga un buen día.

Hacía mucho que Micaela no se sentía tan culpable.

—Gracias, Gaby. Lo aprecio en todo lo que vale y lo tomaré en cuenta.

Pocos minutos después de la salida de Gabriela, arribó Marcela.

—Perdón amiga. Ayer olvidé el celular en la oficina y no consideré importante pasar a recogerlo, así que no recibí tu mensaje hasta hoy —dijo Marcela a modo de disculpa.

—No te preocupes, Marce. De cualquier forma, no hubiéramos podido hacer el día de ayer más que rumiar nuestras heridas.

—¿Qué pasa, Mika? Paula me explicó algo, pero sólo a nivel rumores. Eso y tus llamadas de ayer, me tienen con el alma en un hilo.

Micaela le hizo a la contable un pormenorizado relato de la situación y de las estrategias que había reflexionado para enfrentarla.

—Si pudieras sacar un acuerdo con *Oak Tree Franchises* diciendo que desean a la marca y a mí, podremos presionar a Albarrán en la junta del viernes. Si obtienes el acuerdo, tiene que permanecer en absoluto secreto hasta ese día. Habla con nuestros abogados y que te respalden en todo. Tú serás mi apoderada en la reunión y que asistan los abogados corporativistas. Yo no estaré presente en ningún caso, con acuerdo o sin él. No le daré ese gusto a Albarrán y, menos si va a asistir Lucía. ¿De acuerdo?

—De acuerdo, Mika. Puedes confiar en mí, de verdad, te lo digo con el corazón.

—Gracias, Marce, lo sé. Ahora, acompáñame a la reunión con el personal.

Las dos mujeres bajaron al salón principal de *La Lorraine*, donde ya se encontraba reunido todo el personal.

—Amigos míos —inició Micaela cuando los murmullos se acallaron—, les he pedido que nos reuniéramos aquí, para que los rumores no sigan corriendo incontroladamente. Como la compañía dueña de *La Lorraine* no es una empresa que cotice en el mercado de valores, formalmente el término "adquisición hostil" no se aplica. Sin embargo, puedo decirles que sí sufrimos una "adquisición" y bastante "hostil", por cierto. La sociedad adquirente pretende sustituirme a mí como Directora General y traer otro Chef Ejecutivo. Por supuesto que no cederé la plaza sin pelear por aquello que fue el sueño de mi abuelo, de mi padre y el mío, sueño que muchos de ustedes han compartido y que agradezco infinitamente.

»¿Cuál es el peor escenario que enfrentamos si no puedo lograr mis objetivos? —continuó Micaela con entereza, aunque estaba lejos de sentirse así—. Que yo tuviera que dejar la Dirección General y abandonar este lugar. Aún así, todos ustedes conservarán sus puestos de trabajo. Así se me ha ofrecido. Y de cualquier forma, conservaré la suficiente influencia en el Consejo Directivo para garantizar que así sea. ¿Alguna pregunta?

—Micaela, ¿tú estarás a cargo de las operaciones normalmente durante estos días? —preguntó Alberto con acrimonia.

Ese "Micaela" le sonó a la Chef como el insulto que realmente era. Ella no era tan soberbia como para molestarse si la tuteaban o la llamaban por su nombre que, por demás, consideraba hermoso. Sin embargo, cuando la necesidad le impuso hacerse cargo del negocio, a la muerte de su padre, apenas contaba con 23 años. Tuvo que luchar contra corriente para adquirir preeminencia y respeto en un ambiente laboral muy competido. Lo logró guardando la distancia con el personal y haciendo valer sus credenciales. Hoy, el hablarle de usted y decirle Chef, se habían convertido en normas no escritas en el código de conducta de la organización. De ahí que resintiera la irreverencia proveniente del, hasta ahora, Sous Chef.

—¡Por supuesto, Alberto! —contestó Micaela, con furia—-. Claro que me voy a hacer cargo. Antes de la junta del próximo viernes yo seré la legítima Directora y Chef de este lugar. Es más, tú no deberías haber hecho el anuncio que hiciste y que nos tiene aquí en este momento. Si me llevas al extremo, considero que tu proceder no sólo fue imprudente sino ilegal y que merecería que levantara cargos judiciales.

—Oiga, yo…

—¡Mejor guarda silencio! Así cómo están las cosas, yo te aconsejaría que tomaras estos días libres para evitar otro incidente desagradable. Ya el viernes por la tarde, te presentas a rendirles pleitesía a tus nuevos patrones, si es que hay tales.

—Eso haré, no te quepa duda. Eso haré. Adiós, Micaela —dijo Alberto con sarcasmo mientras abandonaba el salón.

—Gracias a todos por su presencia —dijo Micaela con voz profunda y conciliadora—. Lamento que hayamos tenido que llegar a esto, así que les pido que se despreocupen por los incidentes de hoy, por lo menos hasta que sepamos algo concreto el viernes. Recuerden que nuestro atributo principal ha sido siempre la excelencia tanto en calidad como en servicio, y eso no lo podemos perder. Así que a trabajar todos, que en treinta minutos abrimos para el almuerzo.

El resto del día lo pasó Micaela haciéndose cargo de la cocina, ya que se encontraban faltos de personal por las ausencias de Vero y Alberto. Sin embargo, de vez en cuando las mariposas en su estómago o algún vuelco en el corazón le recordaban la noche anterior. Y más congoja le causaba el desconocer los sentimientos de Gaby hacia ella. Desechaba los pensamientos diciéndose que eran locuras pasajeras ocasionadas por el estrés, pero no dejaba de preocuparle que estuvieran afectándole de esa forma tan atrayente y tan recurrentemente.

"Debo dejar de posar los ojos en la linda figura de Manguito", se recriminó a sí misma, "caramba, ya era Manguito, ni siquiera Mousse de Mango".

Llegó la hora del cierre en la que la Chef se creyó sola en las espaciosas instalaciones. Cuál sería su sorpresa, cuando al entrar a la cocina descubrió a Manguito preparando una generosa cantidad de crema chantilly en la batidora eléctrica.

Micaela posó su mirada azul profundo en la linda figura de la becaria que se había despojado del gorro reglamentario y de su delantal, al mismo tiempo que se había abierto la parte superior de su casaca, dejando a la vista su hermoso cuello y hasta el nacimiento de sus pechos, haciéndole abrigar conocidas sensaciones en su estómago y en su sexo.

La Chef esperó a que Gaby terminara de batir y llevara el gran tazón lleno de crema a su mesa de trabajo. En ese momento se acercó, ya sintiendo que su libido la empezaba a dominar.

—Buenas noches, Gaby. ¿Qué haces?

—¡Chef! Qué susto me ha dado. Estoy experimentando con una crema chantilly a la vainilla. A ver, Chef, deme su opinión —mientras decía esto último, Gaby introdujo los dedos índice y medio de su mano en el tazón, sacando con ellos una generosa cantidad de crema que acercó a los labios de Micaela sin romper el contacto de ambas miradas.

La Chef, hipnotizada por la penetrante mirada de Manguito, abrió ligeramente sus labios y recorrió con ellos la longitud de las puntas de los dedos embadurnadas de crema. Saboreó la mezcla y sin poder resistir un impulso de sensualidad, utilizó la lengua para dejar limpia la mágica cuchara que se le ofrecía.

Gaby retiró sus dedos y untó con ellos los restos de crema mezclada con saliva en sus propios labios y los saboreó invitadoramente con la lengua. Este gesto derrumbó cualquier escrúpulo que pudiera quedar en Micaela y decidió jugar la mano con su apuesta más alta.

—¿Qué le pareció, Chef? —preguntó con la respiración entrecortada.

—Mmmm, está bien, pero yo considero que la falta algo de dulce.

—¿Usted cree?

Micaela ya no contestó. Metió a su vez sus propios dedos en la crema y untó con generosidad los ardientes labios de Manguito, y se acercó lentamente a degustar su obra. Trató de retirar con sus labios la máxima cantidad de crema sin rozar los labios de su compañera quien, presa ya de la excitación, sólo alcanzó a suspirar y a cerrar los ojos ante la inminencia del tan deseado beso. Cuando ya fue imposible retirar más crema sin tocarse, Micaela inició, ahora sí, un beso formal, con delicadeza, con lentitud, que fue inmediatamente respondido por Gaby. Miles de momentos de duda y nerviosismo sensual fueron canalizados a través del intercambio de alientos y sensaciones,

—¿Y ahora? —preguntó ansiosa Gaby, al terminar el beso.

—No sé. No puedo aún formarme un criterio definido —contestó Micaela dubitativa, untando otra generosa cantidad de crema sobre la ansiosa boca de Manguito. Ahora sí, la pasión se desbordó y atacó la crema directamente con la lengua, chupando, lamiendo y saboreando, acciones que fueron voluptuosamente correspondidas. Durante el apasionado beso, Gaby se abrazó al afiebrado cuerpo de Micaela y acarició su cuello y su espalda con detenimiento.

—Mika, Mika, no sabes cuánto te deseo.

—Y yo a ti, Manguito, mucho. Pero insisto, a la chantilly le falta azúcar —azúcar que, pensó la Chef, sólo podía ser aportada por la tersa piel de Manguito, cubierta ya por finas capas de sudor que se adivinaba dulcísimo.

Y al mismo tiempo que expresaba su deseo por la muchacha, la tomó de la cintura y la ayudó a incorporarse para sentarla en el borde de la extensa mesa de trabajo de la estación de repostería.

Como si fuera a revelar un secreto resguardado por siglos, con gran parsimonia y sin dejar de darle besos ocasionales, fue abriendo la casaca de Gaby y maravillándose ante la belleza de sus pechos, coronados por aureolas grandes, oscuras y por unos pezones sumamente apetecibles.

Gaby la dejó hacer sin dejar de ver a su jefa con adoración y, una vez que ésta terminó de abrir la chaqueta del uniforme, ella misma se la quitó, consciente del impacto sexual que estaba provocando.

Embelesada por la visión del torso desnudo de Manguito y temblando de deseo, Micaela acarició lentamente el cuello y los hombros de su amiga, rodeando sus pechos y apenas tocándolos en su base. Introdujo ambas manos en la crema y decoró los hermosos senos de Gaby cual volcanes enhiestos, cubiertas sus cumbres con nieves eternas.

Se deleitó con el olor del cuello de la muchacha y lo beso y lamió con delicadeza, acercándose cada vez más a su objetivo níveo y azucarado. Cuando alcanzó el primer pezón con la punta de la lengua, éste reaccionó inmediatamente al contacto, endureciéndose para facilitar la extraordinaria degustación de Micaela. Gaby arqueó su cuerpo hacia atrás, apoyando sus manos en la mesa, ofreciendo sus mágicos volcanes nevados a la ávida y experta boca de Mika y empezando a gemir con respiración entrecortada.

—Hummmm, delicioso —expresó Mika cuando ya los hermosos senos quedaron limpios de crema. Y con ánimo de crear mayor expectación en su compañera—: Creo que ya está correcta la dulzura.

—Lo dudo mucho, Mika —dijo Gaby, temblando de excitación y jugando la mano que le ofrecían—, indudablemente debes buscar más alternativas endulzantes.

—¿Tú crees, Gaby?

—Estoy absolutamente segura, Mika —dijo Gaby atrayendo a Micaela hacia un húmedo beso, el primero totalmente surgido de su iniciativa.

Micaela acusó el permiso tácito para continuar, por lo que tomó más crema y la esparció con ambas palmas dibujando una V partiendo desde los pechos y convergiendo en el perfecto ombliguito. Gaby se recostó, apoyada en sus antebrazos, para facilitar la labor de la Chef, cuyo nivel de excitación era ya superlativo. Sus propios pezones erectos presionaban dolorosamente su chaqueta mientras su sexo rezumaba su néctar incontrolablemente, así que se saltó pasos en su degustación para lamer la crema con fruición directamente de la graciosa copa umbilical, mientras su mano se atrevía a tocar la zona púbica de Manguito a través de su pantalón.

Gaby reaccionó al contacto con un gemido y un espasmo, y movió su pelvis para incrementar el acercamiento.

—Ahhhhh. Mika, Mikaaaa.

Con urgencia, Mika despojó a Manguito de sus pantalones, dejando a la vista, por primera vez para ella, unas piernas celestiales que invitaban a saborear el culmen de la dulzura, oculto ya solamente por unas coquetas braguitas de encaje blanco. La Chef se deleitó con la maravillosa visión y, no resistiendo más, acarició con lentitud la cara interna de los hermosos muslos mientras acercaba su rostro al monte de Venus de la muchacha, anticipando el gusto que tendría el último platillo de su erótico banquete. Besó el hinchado clítoris a través de las bragas y con la colaboración de su amante, utilizó ambas manos para retirar la última prenda que impedía su total desnudez.

Puso un poco de crema sobre el recién expuesto clítoris y con lentitud la retiró con la punta de la lengua.

—Por favor, Mika, ya no me hagas sufrir —dijo Manguito, casi sin voz—, te lo suplico.

Mika, obediente, se olvidó de usar la crema y paladeó directamente la vulva rosada, brillante y mucho más dulce que toda la crema anteriormente saboreada.

Gaby no resistió mucho la maestría de la boca y manos de Micaela, por lo en pocos minutos se estremecía de placer bajo los efectos de un apoteósico orgasmo.

—Ahhhhhhhhhh, Mika, eso sí fue verdaderamente dulce.

—¡Manguito! ¡Manguito! ¡Manguito! —murmuró Micaela, mientras no resistía la tentación de acariciarse, a su vez su inundado sexo.

—¡Manguito! ¡Manguito! ¡Manguito! —murmuró entre sueños Micaela, mientras despertaba acariciando su inundado sexo y se daba cuenta, decepcionada, que todo había sido un sueño.

Micaela nunca, hasta ese momento, había comprendido a cabalidad el concepto de "sueños húmedos". Su vagina estaba empapada, sus pezones totalmente erectos y adoloridos y su boca anhelante del sabor de la crema chantilly.

Atribuible o no a la vulnerabilidad provocada por su estado de ánimo, ella necesitaba aliviar el profundo estado febril que sentía y su frustración por haber despertado antes de que Manguito tuviera tiempo de compensar sus "dulces" esfuerzos.

Acostada en medio de la penumbra de su dormitorio, inició un lento acariciar por su cuerpo para tratar de definir, en su enfebrecida mente, qué era sueño y qué era realidad. Palpó su cuello y sus hombros desnudos y acarició sus hermosos pechos cubiertos por la blusita de tirantes de su sensual juego de pijama, haciéndose la ilusión de que era Manguito la que, desnuda en su cama, manipulaba su cuerpo.

Acarició presionando con índices y pulgares, casi hasta provocarse dolor, los erectos pezones. Continuó su viaje hasta alcanzar el borde de la blusita y, cruzando los brazos, se la quitó para dejar más epidermis al alcance de sus incansables manos.

La imagen de Manguito cubierta de crema le hizo descompasar la respiración y dirigir su traviesa mano a su zona púbica que, cubierta por un corto pantaloncillo a juego con la blusita ya desechada, esperaba la atención de una Micaela abandonada plenamente al placer.

Con urgencia trepidante, el pantaloncillo siguió el mismo camino que la blusita, dejando a Micaela totalmente desnuda y entregada al mundo de la fantasía erótica con Mousse de Mango como protagonista.

Clítoris, labios y vagina se hicieron cómplices de pulgares, índices y palmas para llevar a Micaela al súmmum del orgasmo, alcanzado en el altar de una quimera con crema, vainilla y azúcar.

Aún desnuda y con las manos todavía en su entrepierna, la Chef Curien se acurrucó en posición fetal para tratar de disfrutar algunas horas de sueño reparador.

—¡Manguito! Ahhhh, Manguito —alcanzó a murmurar antes de quedarse completamente dormida.

Los días siguientes transcurrieron entre la operación normal y reuniones estratégicas con Marcela y con el despacho de abogados. Cada hora que transcurría, se desesperaba más porque las negociaciones no avanzaban con la celeridad que ella requería. Los abogados le habían confirmado lo que, en principio, había supuesto. Cualquier demanda judicial llevaría años de proceso y los resultados serían inciertos. Las negociaciones con la administración local de *Oak Tree Franchises* habían avanzado favorablemente porque su presidente le tenía aprecio a Micaela. Sin embargo, toda decisión formal, debería de acordarse desde la casa matriz en el extranjero y ese proceso sería más tardado de lo que se requería para detener a Albarrán en el corto plazo.

El jueves, Micaela se levantó con un estado de ánimo muy ambiguo y oscilante: por una parte, su natural optimismo le decía que todo saldría bien y, por la otra, sabía que sus puertas se habían ido cerrando paulatinamente.

A las 5:00 de la tarde tenían Marcela y ella una reunión bastante definitoria con la representación de *Oak Tree* en el país. Micaela se vistió para la ocasión, con un traje ejecutivo de color gris, con chaqueta y falda hasta medio muslo que dejaba ver parte de sus bellas piernas y una blusa de seda, color coral. Poco maquillaje y un caro perfume francés, casual pero elegante, complementaban el atuendo.

Fueron recibidos por el Presidente local de la compañía quien entró en materia, casi sin preámbulos.

—Te voy a ser claro y directo, Micaela —dijo el Presidente con voz seria y grave—. La corporación a la que pertenezco no está interesada en una fórmula como la que me proponen ustedes dos.

—¿Qué quieres decir, Peter? —inquirió Micaela.

—La compañía está interesada, fundamentalmente, en la marca *"La Lorraine"* y sus 60 años de historia. Por supuesto, está motivada por su prestigio y sabemos que ese prestigio está apoyado en la excelencia. También sabemos, que esa excelencia está, en la actualidad, sustentada en la Chef Micaela Curien, pero, con gran pesar, Micaela, debo informarte que Micaela Curien, sola, sin la marca, no es un activo compatible con los objetivos actuales de negocio de nuestra corporación.

—Pero, Peter, yo puedo construir una marca en tiempo récord con la misma excelencia en servicio y calidad. El "know how" lo tengo yo, yo lo hice.

—Lo sé, Micaela, pero no con 60 años de historia. Ahora, ésa fue la mala noticia. Pero no todo está perdido.

—¿Qué alternativas tengo?

—Ayer, ya tarde, tuve una larga conferencia telefónica con el Vicepresidente para Latinoamérica y el Caribe para discutir el caso. Es un hecho que nuestra compañía no hará negocios con Ramón

Albarrán, su reputación lo precede y no nos interesa. Sin embargo tampoco vamos a interceder por ti ante él. Ustedes tienen que arreglar sus diferencias corporativas y que él acepte cederte el control para la operación de la franquicia *"La Lorraine"*. Él puede conservar su participación accionaria en la proporción que la tiene en la nueva sociedad que se cree con nosotros, pero su participación será sólo con voz, sin voto. El voto lo deberás conservar tú y él sólo presentarse, casi solamente, a cobrar sus utilidades.

A Micaela se le heló la sangre en las venas al escuchar lo anterior, conocía las motivaciones de Albarrán y sabía que no aceptaría esas condiciones. Todo lo hacía para arruinarla a ella y no le importaría perder millones en un negocio seguro con tal de impedirle la oportunidad de triunfar.

—Además —continuó Peter—, mantendremos esto en absoluto secreto durante un plazo razonable, sin alertar a Albarrán aún, para darte a ti tiempo para lograr las negociaciones necesarias.

—Gracias, Peter. Agradezco infinitamente tus gestiones y tu sinceridad.

—Lo siento, Micaela. Realmente lo siento —dijo Peter a modo de despedida.

Cuando Marcela y Micaela arribaron al Restaurante, la moral de la Chef venía arrastrándose por los suelos. Al entrar al lujoso local, sus azules ojos se llenaron de lágrimas al pensar, convencida como nunca antes, que había perdido el gran legado de los Curien.

Ya en su oficina, Micaela se enfrentó a Marcela con el rostro henchido de dolor.

—Marce, haz las gestiones para liquidar mi participación de *La Lorraine* a favor de Industrias Albarrán.

—Micaela, ¿estás segura? —dijo Marcela horrorizada.

—No, Marce, ¿cómo puedo estar segura? —sollozó Micaela—, pero es mi mejor oportunidad para salvar algo de este desastre y que la gente por la que siento responsabilidad no padezca porque la hija de Albarrán es lesbiana y un día creyó que me amaba. No es justo que un padre iracundo se quiera desquitar conmigo, pero menos lo es que paguen personas que ni la deben ni la temen. Nuestra gente ha confiado en mí.

»Además, amiga, necesitaré recursos para salir adelante en lo que consigo un trabajo, o pongo un nuevo negocio.

—¿Cómo vas a buscar un trabajo, Mika? ¿Quién va a pagarte lo que en realidad vales? Además, te volverías loca cumpliendo un horario y reportándole a jefes corporativos

—Lo sé, Marce, pero tengo ofertas interesantes de cadenas hoteleras de lujo. De hambre no me moriré —sonrió Micaela con amargura ante su broma.

—Será tu decisión, Mika querida.

—Gracias, Marce. Mañana vendré a platicar con todos y cada uno de los miembros del personal. Después, me iré. Tú atiende la maldita junta de consejo y haz lo que tengas que hacer.

—Así se hará, Mika.

Una vez que se hubo marchado la contable, Micaela se acercó al ventanal y se dedicó a observar la última noche de operaciones a su cargo. Observó la perfección que había logrado crear: los jefes de sección, tanto el maestro salsero como el maestro parrillero, coordinando la cocina como un reloj mientras que las mayoras atendían las marmitas con eficiencia y prontitud. Gloria y Gaby habían logrado hacer un buen equipo. Al ver a ésta última, a pesar de su angustia, Micaela no pudo dejar de recordar el sueño de dos noches atrás.

Cuando cerró el Restaurante y ya no quedaba nadie del personal, Micaela recorrió con la mirada toda la oficina en un acto formal de despedida. Lentamente, se dirigió al muro posterior y descolgó, con la mirada cargada de nostalgia, el marco que protegía su preciado diploma de *Le Cordon Bleu*. Lo apoyó sobre la mesa de reuniones para enviar por él al día siguiente, acarició su borde con una sola mano, por los cuatro lados, apagó la luz y salió de su amado refugio, quizá por última vez.

Ya abajo, en el comedor, caminó en penumbras entre las mesas vacías hasta llegar a la gran chimenea que presidía el salón principal, y contempló durante largo rato la gran fotografía en blanco y negro que la decoraba, en donde se veían, con gran solemnidad, a su anciano abuelo y a su padre presidir orgullosos la inauguración del local en donde ella se encontraba.

—Padre, Abuelo, por favor perdónenme —dijo al borde de quebrarse emocionalmente—. Perdónenme por no haber sabido conservar su legado, por no haber podido cuidar de nuestro sueño. Tu sueño, Abuelo, cuando fundaste *La Lorraine* recién emigrado a nuestro país desde tu tierra en Francia, huyendo de la Segunda Guerra Mundial. Tu sueño, Padre, que la convirtió en lo que hoy es. ¡Perdón, perdón...!

Y, muy lentamente, cayó de rodillas siendo presa ya de un llanto incontrolable, apoyando su hombro y su cara sobre la chimenea y tapando su compungido rostro con las manos.

Micaela no supo cuánto tiempo permaneció así, sollozando en las sombras, rumiando su sufrimiento, hasta que un cálido abrazo la sacó de su marasmo.

—Chef Curien —dijo Gaby con ternura y preocupación—, todo está bien, no se angustie, por favor.

Micaela reaccionó lentamente. Seguro que gracias al estado febril en el que se encontraba, ya estaba soñando otra vez con Manguito. Pero no, no era posible, tanto dolor como el que estaba sintiendo no podía ser soñado.

—Gaby, ¿qué haces aquí? —preguntó entre sollozos.

—Estaba terminando de recoger unas cosas y preparar otras para mañana cuando el oficial de vigilancia me avisó que usted estaba aquí, necesitando ayuda. A ver, apóyese en mí. Vamos a sentarnos en esta mesa.

—Gracias, Gaby. No te preocupes, estoy bien.

—No, no está bien. Vamos, siéntese. Le prepararé un té.

La chef se quedó inmóvil con la cara apoyada en las manos y suspirando ligeramente. Cuando Gaby regresó con el té, la encontró exactamente en la misma posición.

—Tómese esto, Chef, le hará bien.

—Gracias, Gaby, pero ya nada me quitará el dolor de haberlo perdido todo.

—No perdió nada, Chef, puras cosas materiales. Usted tiene capacidad de sobra para levantarse y reconstruir algo mucho más grande.

—No, Gaby, ya no tengo ánimo, ni ganas, ni motivación. En menos de dos semanas perdí a mi amor, mi negocio, mi herencia familiar, mis sueños y mis ilusiones. Ya no me interesa nada —. Y diciendo esto volvió a estallar en llanto.

—No diga eso, Chef. Ahora lo piensa y lo siente porque las heridas son recientes. Ya verá que mañana las cosas tendrán una mejor perspectiva —susurró Gaby al oído de la Chef mientras la abrazaba y le ofrecía su hombro, al mismo tiempo que besaba su frente con suavidad y ternura—. Dios mío, Chef. Está usted ardiendo en fiebre. Vamos, la llevo a su casa. ¿Dónde tiene las llaves del auto?

—¿Sabes conducir?

—Tendrá que arriesgarse. Nuevamente —ordenó enfática Gabriela.

Al llegar al lujoso loft, Gaby ayudó a Micaela a llegar a la recámara y a sentarse sobre la amplia cama.

—Dígame dónde tiene las aspirinas, Chef.

—Ahí, en el botiquín del baño debe de haber algunas —contestó Micaela, con el mentón apoyado en el pecho y sin estar realmente interesada.

—Bien. Mientras voy por ellas, usted váyase desvistiendo y metiéndose entre las sábanas.

Gaby encontró el frasco de aspirinas y luego fue a la cocina a buscar alguna bebida. Su espíritu de artista culinaria se vio sorprendido ante el majestuoso equipamiento de la misma. Sacó de la nevera un poco de jugo de naranja y lo sirvió en un vaso.

Al regresar a la recámara, descubrió que Micaela no había cumplido ninguna de sus instrucciones.

—Chef, por favor, no se abandone así. A ver, tómese estas pastillas. Le bajarán la fiebre y le permitirán dormir mejor.

Micaela cedió a los cuidados de Gaby y se tomó las aspirinas que le ofrecía, limpiando después sus labios del jugo sobrante con la servilleta que le tendió. No dejó de sentir cierta confusión de sentimientos cuando una Gaby, solícita, le quitó la elegante chaqueta del traje ejecutivo y desabrochó su blusa de seda. La sensación de ser desnudada por Gaby y mostrar su bello torso sólo cubierto por el coqueto sostén de encaje color hueso fue, al mismo tiempo, aflictivo y excitante. No dejó de sentir orgullo al percibir la mirada de Gaby, arrebolada y llena de admiración, sobre sus pechos. Seguidamente, la muchacha se puso de rodillas para descalzar a su lánguida jefa y, posteriormente, quitar con suavidad la falda, en cuyo movimiento hilvanó un cálido roce con sus dedos.

Cuando Gaby acercó las manos a su espalda para soltar el broche del sujetador, Micaela pudo aspirar su fresco aroma y cerró los ojos para no revelar el frenesí que ya la invadía, esfuerzo inútil, debido a la delación de sus traicioneros pezones. Las sensuales braguitas, a juego con el sujetador, solo cubrían lo necesario para hacer más evidente aún, la desnudez del hermoso cuerpo de la Chef Curien.

Rápidamente, Gaby ayudó a su jefa a recostarse y la arropó con cuidado y cariño. Bajó la luz de la mesa de noche y se quedó velando el sollozante y febril sueño de Micaela. Lo último que alcanzó a percibir ésta, antes de quedarse dormida, fue un tierno beso en sus labios.

Despertó ya avanzada la mañana, descansada, pero con las secuelas de la fiebre y el llanto de la noche pasada. Su ánimo fluía de forma un poco más optimista hasta que oyó gritos provenientes de la sala de estar. Al reconocer la voz de Lucía, se puso una bata y, con el alma pendiente de un hilo, ya que eso era lo único que le faltaba, Micaela se dirigió con rapidez hacia la fuente del escándalo.

Al entrar a la sala, vio la imponente figura de Lucía, hermosa como siempre, pero con el brazo y mano izquierdos apoyados en un cabestrillo, gritando sin reservas a una espantada Gabriela.

—Mira, estúpida, yo me meto en donde se me pega la gana porque para eso soy la novia de Micaela y aquí es donde yo vivo —chilló Lucía, sin ocultar su ira—. Y has de saber, además, que yo soy la dueña de *La Lorraine* que, por lo que alcanzo a ver por ese uniforme arrugado, es el lugar donde trabajas.

—Lucía, ¿qué haces aquí? —preguntó Micaela, a punto de perder el control.

—¡Miky! —exclamó Lucía con alegría, abalanzándose a besar a la Chef en los labios y a abrazarla efusivamente con su brazo sano.

Cuando Micaela pudo zafarse del intempestivo abrazo, sólo alcanzó a ver a una compungida Gaby salir corriendo por la puerta del apartamento.

—¿A qué viniste? —inquirió Micaela.

—¿Podemos hablar, Miky?

Se sentaron en dos de los agradables sillones de la sala de estar del loft, una frente a la otra, acto que fue seguido por uno o dos minutos de incómodo silencio.

—¿Qué deseas decirme? —dijo al fin Micaela.

—Miky, estoy enferma. Mi espíritu está muy dañado y debo concentrar toda mi voluntad en mi rehabilitación. Y no hablo de la rehabilitación ortopédica de mi muñeca. Sé que ésa llevará varias semanas y será dolorosa pero, al final, mi mano quedará sana. No, hablo de la rehabilitación de mi... —Lucía bajó la vista apenada— forma de beber.

—Lucy, yo me siento...

—¿Responsable? No, Miky. Tú menos que nadie debes asumir culpa alguna. Más bien has sido una víctima de las fallas de mi personalidad. Mi accidente me sirvió como pretexto para no verme obligada a enfrentarte, a verte a la cara para confesar mi grado de desintegración. Gracias al terrible incidente, me pude ocultar tras la intransigencia de mi padre para huir de ti. Qué enfermo, ¿no?

»Y mi padre, con la complicidad de mi madre, aprovechó mi vulnerabilidad del momento para, como siempre, intentar manipularme a su antojo. No bien había salido del hospital, cuando, sin consultarme, me matriculó en una clínica de ésas para control de adicciones. ¿Ya sabes? Una granja de mucho postín, junto al mar y no sé qué tantas cosas. Así me vi del hospital al avión, sin más trámite. Fueron tres días horribles, Miky, de verdad. Eso parece campo de concentración —Lucía sonrió con amargura.

—Lo siento Lucy, siento que hayas tenido que pasar por todo ello.

—Me regresé y me refugié en casa de mis abuelos. Mi abuela ha sido como mi hada madrina. Ya sabes que el abuelo tiene el corte de mi papá, pero puede ser más humano si se lo propone. Y ni en sueños se atrevería a enfrentarse con mi abuelita si ella considera que está defendiendo una buena causa.

—Me alegro mucho que hayas encontrado apoyo.

—También estoy asistiendo a un grupo de AA. Creo que con ellos sí estaré en posibilidades de darme la oportunidad de hacer una catarsis y un verdadero saneamiento mental, así como de ir expulsando todos mis demonios. Como parte del proceso de rehabilitación, deberé reajustar mis relaciones interpersonales y tratar de reparar los daños que causé a los demás. Por eso estoy aquí, Miky, tú eres mi primera estación en este camino.

—Lucy, me congratulo ampliamente de que hayas encontrado un sendero de paz para tu espíritu y ya sabes que puedes contar con toda la ayuda que necesites de mi parte.

—Gracias, Miky, tú siempre tan generosa. De hecho, vine a entregarte esto —Lucía sacó de su cartera un sobre de papel color marrón y se lo entregó a Micaela.

—¿Qué es, Lucy? —preguntó Micaela con extrañeza.

—Es el paquete accionario de *La Lorraine* que quiso arrebatarte mi papá. Se lo compré para ti. Ahora ya no tienes parientes incómodos, eres la dueña absoluta de la empresa.

Micaela tomó el sobre con profundo escepticismo. Miró el sobre con desconfianza, debatiéndose entre las dudas si sería cierto que Lucía le estaba devolviendo su patrimonio o sólo sería la punta de lanza de otra sucia estrategia de Albarrán. Su sorpresa no tuvo límites al extraer los documentos del sobre y comprobar que lo dicho por Lucía era cierto.

—Pero, ¿cómo es posible? ¿Cómo lo convenciste? ¿De dónde sacaste el dinero?

—Digamos que mi abuelo lo presionó un poco —Lucía rió con malicia—. Lo convenció de que era un paso fundamental en mi proceso de ajuste, que yo era ya mayor de edad y que ya no le tenía miedo. Así que si no quería perderme definitivamente, él también tendría que hacer concesiones importantes en su manera de ver y hacer las cosas.

—¿Y el dinero?

—También me lo prestó mi abuelo. Mi abuelita casi lo obligó.

—Gracias, Lucy. Estoy realmente conmovida y para mí será prioritario el pagarte el préstamo. Hipotecaré mi apartamento y haré lo que sea necesario.

—Tranquila, Miky. No hay la menor prisa. Sólo, ¿te puedo pedir algo?

—Claro, Lucy. Lo que quieras.

—¿Puedo conservar, digamos, el diez por ciento? Siempre me ha gustado el Restaurante como concepto de negocio y ahora con las franquicias será una magnífica inversión. ¿No te importará que sea tu socia? Prometo no aparecerme ni chuparte la sangre.

—Claro que puedes ser mi socia, Lucy. Te lo has ganado. Pero, ¿tú sabías lo de la franquicia?

—Viví contigo un año, ¿lo recuerdas? Soy dipsómana, no tonta —dijo Lucía mientras guiñaba un ojo.

—¿Y no le dijiste nada a tu padre?

—Miky, yo te amé mucho, y aunque lo nuestro no haya acabado en las mejores condiciones, sería incapaz de traicionarte. Si le hubiera mencionado algo de eso a mi papá, se te hubiera lanzado a matar con todas sus garras y dientes.

—¿Y qué piensas hacer ahora?

—Lo primero, es lo primero. ¿Puedo pasar por aquí esta tarde a recoger mis cosas?

Micaela sabía que ese punto tendría que discutirse en algún momento, pero no dejó de ser para ella un momento muy triste.

—Por supuesto, Lucy. Puedes pasar cuando quieras. Está todo tal cual lo dejaste.

—Gracias, Miky. Dejaré las llaves con el portero.

—¿Y después, Lucy?

—Seguiré unos meses con mis abuelos en lo que me siento suficientemente fuerte para emanciparme. Y ya estoy viendo las alternativas de abrir mi propia galería de arte y dedicarme a lo que siempre me ha gustado.

—Te deseo el mejor de los éxitos Lucy. Ya es hora de que empieces a ser libre. Libre de los demás y libre de ti misma.

—Te lo agradezco, Miky. Y te aconsejo que tú también reformatees el disco duro de tu corazón.

—¿Yo?¿Cómo crees?

—Pues ahí está esa chica, Gabriela, que está patinando de amor por ti.

—No inventes, ni siquiera estoy segura de que le gusten las chicas.

—Pues averígualo.

— Además, todavía no estoy lista.

—Completamente indiferente, no es para ti. Te conozco perfectamente y te sentiste mortificada ante su reacción hace unos momentos.

—A todo esto, ¿por qué le gritaste?

—¡Ay, Miky! Todavía me domina, a veces, mi perfil perverso —Lucía río al decir esto—. Cuando llegué, la tal Gabriela se me enfrentó y me preguntó qué estaba haciendo aquí.

—Debes entender, Lucy, estos días han sido muy tensos y ella no te conocía.

—Lo entiendo, pero al ver una chica mona durmiendo en nuestro apartamento y defenderte con tanta vehemencia, pues me sentí un poco celosilla.

Micaela se ruborizó. Se había sorprendido a sí misma varias veces pensando en Manguito como "chica mona" desde su especial sueño, dos noches atrás.

—¿Ves? Te ruborizaste. Algo estás pensando que me daría la razón. ¡Te pillé!

—Me conoces demasiado bien.

—Así que un poco celosilla y un tanto curiosa, no pude aguantarme las ganas de medirle la temperatura al agua. Y su reacción me dio la razón.

—Pues sí que eres perversa, la verdad.

—Aprovecha, Miky, date tú también la oportunidad de ser feliz.

—Gracias, Lucy. Gracias por todo.

Después de acompañar a Lucía a la salida, Micaela se arregló rápidamente y se presentó en *La Lorraine*, donde improvisó un rápido discurso.

—Amigos míos, la situación ha cambiado favorablemente. Me quedo al frente y todo continúa como hasta ahora. Ya tendré oportunidad, los próximos días, de platicar con cada uno de ustedes personalmente. Hoy, sólo les agradezco su apoyo en esta crisis y los exhorto a seguir trabajando con el entusiasmo que han mostrado hasta ahora. Gaby, necesito hablar contigo, espérame por favor—. Y dirigiéndose a la contable—: Marce, vamos a mi oficina, por favor.

—Mi querida Marce —dijo Micaela cuando ya estuvieron instaladas en la oficina—, todo está resuelto. Te hago entrega de las acciones que estaban en poder de mis traidores parientes.

—Pero, ¿cómo es posible? —preguntó una estupefacta Marcela—. ¿A quién asaltaste?

Micaela le narró a la contable y amiga las partes esenciales de su conversación con Lucía.

—Así que, a ver cómo le haces Marce, pero necesitamos pagarlas a la brevedad. Haz un análisis de cuánto podemos disponer en líquido, hipoteca mi apartamento, lo que sea necesario. También, te pido, por favor, que hagas oficial ante notario y mediante escritura pública la transferencia de propiedad.

—Te recuerdo que está constituida como sociedad anónima, por lo que la ley exige la existencia de por lo menos, dos socios.

—Por eso no te preocupes, que seremos cuatro. Divide el paquete accionario en dos series, la primera con derecho a voz y voto, de las cuales yo tendré la totalidad y representarán el sesenta por ciento del capital. La serie B sólo tendrá derecho a voz, representará el restante cuarenta por ciento y cuya tenencia tendrán, el diez, Lucía, el quince, tú, y el restante quince, monseur Dubois.

—¡Wow!, Mika, gracias.

—No tienes ni que mencionarlo. Se lo han ganado a pulso. Por supuesto que la reunión de Consejo queda cancelada, así que te sugiero que te relajes, te tomes el fin de semana con tu esposo y tus hijos y ya el lunes o el martes nos ponemos a trabajar.

—Buena idea, Mika —dijo Marcela, suspirando.

—Antes, un último favor. Necesito que te ensucies un poquito más las manos por mí.

—Lo que necesites, Mika.

—Gracias Marce. Necesito que despidas a Alberto. Por supuesto que, después de esto, ya no podremos trabajar juntos. Pero yo no lo quiero ni ver, si lo hago, me le aviento al cuello. Dale todo lo que la ley exija para el finiquito de este tipo de contratos y, si te he visto, no me acuerdo. Y por favor, hazlo en tu oficina. Que ni se pare por aquí.

—Entiendo perfectamente. Así lo haremos. Pero, ya que estamos hablando del ámbito laboral...

—¿Sí?

—¿Qué vas a hacer con Gabriela?

—¡Por Dios Santo! ¿Qué les dio Gabriela a todos ustedes? Armand la procura, tú velas por su trabajo, hasta Lucía la defiende. Denme un espacio ¿no?

Marcela se puso de pie y se asomó a la cocina desde el amplio ventanal.

—Mírala, Mika. Hablé con ella hace rato. Está sufriendo porque cree que la vas a despedir. Y yo opino que no sería justo que la separaras de su puesto. Y bueno, lo que ella expresa es su temor a perder su lugar aquí, pero yo leo en sus ojos que su verdadero dolor lo provoca su amor por ti.

—No creo que Gaby me ame, Marcela.

—Si vieras cómo ha estado desde que llegó. Pocas veces he visto a alguien tan triste.

—Ok, separemos las dos cosas, el trabajo y el amor. Desde el punto de vista laboral, por supuesto que nadie la va a despedir. Gaby es un elemento valioso y se incorporará a la plantilla. El martes te envío los detalles para elaborar su contrato.

.—Prométeme que no llevarás esta situación a extremos que se conviertan en una crueldad para Gaby, porque no confías en lo que, a mis ojos, está a la vista.

—Así será, Marce. Tú serás mi termómetro para este asunto. El plan de carrera que tengo para Gaby me permitiría controlar daños colaterales. Tú no te preocupes. Sabes que no soy despiadada ni me congratulo con el dolor ajeno.

—Lo sé. Pero Gaby se ha ganado el cariño de muchos y no veríamos con malos ojos que tú y ella...

—¡Ya! Silencio, Celestina del Siglo XXI. Y ya vete. Al salir, dile a Paula que mande llamar a Gaby.

—Adiós, Mika querida —dijo Marce, plantándole sendos besos en las mejillas.

—Adiós, Marce. ¡Te quiero!

Cuando Manguito llegó a la oficina, parecía que iba subiendo al patíbulo. Sin embargo, Micaela no dejó de notar una actitud de entereza y orgullo en ella.

—Siéntate, Gaby, por favor.

Ante el estado anímico que presentaba Mousse de Mango, Micaela decidió ser sumamente gentil. A fin de cuentas, noches atrás habían compartido la cocina, la cena, y el vino y, en el ínterin, habían estado germinando una linda amistad. Solamente, la noche anterior, Manguito la había rescatado de sí misma y, reasignando prioridades, se había preocupado de dejarla sana y salva y de velar su sueño. Por ello, la Chef decidió romper la formalidad con el viejo chiste de la noticia buena y la noticia mala.

—Te tengo una mala y una buena, ¿cuál prefieres primero? —dijo la Chef con una sonrisa en los labios.

—La que usted quiera, Chef —contestó Gaby, taciturna—. Lo que usted me tenga que decir, está bien para mí.

"Así que no estamos de humor para chistes", pensó Micaela. "Es más, esa respuesta la puedo tomar más bien como un reproche"

—Pues la mala es que hoy es tu último día como becaria en este lugar.

—Lo suponía, Chef —dijo Gaby enfrentando por vez primera la mirada de Micaela—. Ya me lo había advertido su novia cuando me amonestó.

—En primer lugar, quiero que sepas que Lucía no es mi novia —Micaela notó cómo Gaby acusaba recibo de dicha información irguiendo más su cuerpo y poniendo más atención hacia su jefa—. Lo fue durante un tiempo, pero ya terminamos.

—Pero no deja de ser la dueña. O, por lo menos, su socia.

—Tampoco, Gaby —expresó Micaela, sonriendo—. Hoy por la mañana, durante nuestra conversación, le compré su participación. Yo soy la dueña absoluta de este negocio.

—Me alegro por usted, Chef. Sólo espero que me dé una carta de recomendación y que alguna vez me recuerde como amiga.

A Micaela se le llenó de simpatía el corazón al escuchar a Gaby reconociendo su equivocación y asumiendo con entereza las consecuencias.

—¿Y para qué quieres una carta de recomendación?

—Pues para que me sea más fácil encontrar en dónde terminar mis prácticas profesionales y, ulteriormente, buscar un trabajo. Mis padres no podrán hacerse cargo de mí para siempre.

—¿No quieres oír antes la buena?

—Si usted quiere, Chef.

—Ayer recibí una llamada de Vero. Su bebé está muy bien pero va a necesitar muchos cuidados, así que no piensa regresar a trabajar, por ahora. He pensado que te interesaría incorporarte permanentemente al staff de *La Lorraine* y hacerte cargo de la estación de repostería.

Manguito se tardó varios segundos en asimilar la información antes de contestar.

—¡Wow! No está hablando en serio ¿verdad?

Micaela se rió para sí misma de ver la cara de asombro que puso Gaby. "¿De verdad sus pechos tendrán gusto a vainilla?", pensó, dirigiendo la mirada al foco de sus pensamientos. "Micaela, cálmate, estás hecha una guarra de lo peor. Concéntrate por favor".

—Por supuesto que estoy hablando en serio. No serás jefa como ella. No estás lista todavía y no quiero contraponer a los demás jefes de estación. Te nombraré sub-jefe, con salario de sub-jefe pero con las responsabilidades de jefe —sonrió Micaela con malicia.

—Gracias, Chef. Por supuesto que acepto, encantada —dijo Manguito, volviendo a ser la misma Gaby de siempre—. Prometo no quedarle mal.

—Me alegra que aceptes. A partir de que firmes tu contrato la próxima semana, te haremos un plan de carrera para programar tu desarrollo profesional. Por tus prácticas académicas, no te preocupes. Cuando se cumpla el plazo, ya habrás satisfecho el doble de los requisitos que pide la Universidad, así que, en su momento, no tendremos problemas de expedirte la constancia correspondiente.

—Pero, Chef, en realidad ese puesto le corresponde a Gloria.

"Es increíble", decidió Micaela, "esta mujer debe estar hecha de algo diferente. Le estoy ofreciendo la oportunidad de su vida, y todavía piensa en no lastimar a los demás." En ese momento a Micaela le dieron unas ansias locas de besarla, abrazarla y... hacerle el amor. "Micaela, ¡contrólate!"

—Por Gloria no te preocupes, ella no está lista todavía y lo sabe. Hablaré con ella más tarde. También tendrá su plan de carrera, bajo tu supervisión. Ella será tu sucesora, si queda lista. Por ahora me interesa que te prepares en todos los aspectos de atención a clientes

—Me parece emocionante, Chef. Pero, ¿por qué será mi sucesora? ¿Cuando yo sea formalmente jefe?

—Gaby, una vez que obtengas tu título, ¿te gustaría hacer una maestría en Administración de Negocios?

—Huy, Chef —Gaby rió divertida, como si su jefa hubiera dicho una broma—, me encantaría, pero eso tendrá que esperar. No estoy en posibilidades de costear algo como eso. Y seguramente mi padre me preguntará cuándo pienso integrarme a la vida productiva.

—Bien, Gaby. Si estás interesada, una vez que te titules podremos manejar un plan de financiamiento. Me encantaría que te incorporaras a los proyectos de expansión, como era tu deseo.

—Oh, Chef, es usted maravillosa —Manguito se levantó de su silla y le dio un cariñoso beso en la mejilla a Micaela—. Gracias, muchas gracias. Ahora me voy a trabajar, si usted no dispone otra cosa, el trabajo está muy atrasado en "mi" área.

Micaela sintió de pronto una extraña desazón. Se sentía como en Pigmalión. Estaba creando una obra perfecta, como Henry Higgins creó a Eliza Doolittle. Sin embargo, su pesadumbre provenía porque, según creía recordar, en la obra de Bernard Shaw una vez que Eliza estaba totalmente formada, dejaba a Higgins solo y abandonado. Y eso estaba muy lejos de los anhelos de la propia Micaela.

¿Y si se atrevía a "reformatear el disco duro de su corazón" como sugirió Lucía? Para ello sólo necesitaba saber una cosa. ¡Pero no! Sería una locura. No estaba lista aún.

—Gaby, ¿te gustaría que saliéramos uno de estos días? Digo, a tomar un café, al cine, a lo que tú quieras —Micaela nunca llegó a explicarse por qué siguió este impulso. Seguramente su corazón le ganó la carrera a su cerebro, aunque estaba segura que había sido un final de fotografía. La sonrisa que iluminó el rostro de Manguito le dijo todo lo que necesitaba saber y le indicó que pisaba un terreno más sólido del que ella creía hasta ese momento.

—¿Quiere decir algo así como una cita?

—No, Gaby. Quiero decir, formalmente, una cita.

—Claro, Chef. Me fascinaría. Cuando usted guste.

—¿Qué te parece el lunes que no trabajamos? Luego nos ponemos de acuerdo, a ver qué nos apetece.

—Me parece genial, Chef —aceptó Manguito alegremente. Y dando la vuelta con coquetería, se dirigió hacia la salida.

Y, por favor, Gaby —alcanzó a decir una enamorada Micaela Curien antes de que Mousse de Mango alcanzara la puerta—, ¡No me llames Chef!

Horas después, Micaela se relajó por fin. El día había estado cargado de emociones, desde su abrupto despertar por los gritos de Lucía, hasta ahora, con *La Lorraine* cerrada y vacía. Su cuerpo anhelaba con urgencia un largo baño de espuma para destensar el agotamiento acumulado durante las últimas semanas.

Con cariño y como acto simbólico de conclusión para la memorable jornada, colocó su bien amado diploma en su lugar y lo contempló mientras hacía la solemne promesa de que sólo con honor saldría de ahí otra vez.

Apagó la luz maravillada del giro tomado por su vida en las últimas veinticuatro horas y, más por costumbre que por otra cosa, se asomó a su ventanal para ver si todo estaba ordenado y limpio en la cocina. Cuál sería su sorpresa, ¿o ya no tanta?, al ver a Manguito trabajando.

Con curiosidad, se puso a observar qué novedad improvisaría la nueva jefa de repostería, cuando su intelecto, pero más su libido, sufrieron un tremendo choque al comprenderlo.

—Está preparando chantilly a la vainilla —dijo Micaela en voz alta con el corazón en la garganta y el sabor de los soñados pezones de Manguito en la punta de la lengua.

En ese instante, Micaela se pellizcó en el brazo para comprobar que no estaba soñando, tal como le había enseñado su madre cuando era pequeña. Al comprobar que estaba despierta, bien despierta, sus pezones se endurecieron de inmediato y su tanga se empapó de los flujos que empezaron a manar de su excitado sexo.

Su agudo sentido del gusto le exigía saborear la crema de vainilla, pero deseaba hacerlo sobre el apetecible busto de Manguito y demostrarse a sí misma que el tan recordado sueño podía ser posible, y que podía culminarlo con el anhelado baño de burbujas, pero no sola como en sus planes originales, sino acompañada... Hermosa y eróticamente acompañada.

—¡Al demonio con la prudencia, al demonio con los acercamientos laterales, al demonio con las citas formales y al demonio con esperar hasta el lunes!

Con celeridad, bajó a la cocina a la que entró intempestivamente, casi corriendo.

—¡Micaela! —dijo Manguito con una gran sonrisa—. Bienvenida.

—Gaby, vas a tomar esa crema de vainilla que tienes ahí y vamos a terminar de hacerla en mi casa.

—¿Por qué?

—¡Porque no está suficientemente dulce! —contestó Micaela en un tono que no admitía discusión, mientras se dirigía a la salida.

Mousse de Mango se quedó completamente atónita, y la siguió con lentitud, con el tazón de crema todavía en las manos y tratando, sin lograrlo, de comprender qué se traía entre manos su jefa.

Cuando Gaby alcanzó la salida, estaba siendo esperada por Micaela, quien al verla con cara de estupefacción, estalló en una alegre carcajada.

—Has de creer que perdí la razón —dijo Micaela, todavía riendo—, pero no es así, sólo estoy un poco eufórica. Deja la crema sobre esta mesa y escúchame.

La Chef le quitó lentamente, con ambas manos, el tazón de crema y lo depositó displicentemente sobre la mesa de recepción de *La Lorraine*, junto a la PC que usaba la hostess para el control de reservaciones. Con la punta del dedo índice tomó una pequeña cantidad de crema y la llevó directamente a su boca.

Mmmmm —exclamó cerrando los ojos y suspirando como si hubiera probado una gota de ambrosía—. Delicioso, Gaby. Aunque no esperaba menos.

Estuvo a punto de depositar un poco de crema en los labios de Manguito para besarla y hacer ahí mismo realidad su sueño, pero se contuvo.

—Gaby —dijo, más seria—, estoy organizando una pequeña fiesta en mi apartamento y me gustaría que asistieras y, por supuesto, que me ayudaras. ¿Puedes acompañarme?

—¡Claro, Micaela! —dijo Manguito con una cálida sonrisa—, encantada de hacerlo. Pero deja ir un momento a casa para asearme y ponerme ropa más adecuada. No puedo ir a una fiesta con el uniforme.

—Así estás perfecta, Gaby. Ya no tenemos tiempo, así que vámonos.

—Permíteme entonces, recoger mi desorden— dijo Manguito recelosa—, sólo me tardo unos minutos.

—Deja todo como está. Ahora le pedimos al oficial que guarde lo que pueda y mañana llegamos un poco más temprano. Estoy impaciente.

A Gaby no le quedó otra opción más que resignarse ante la insistencia de su jefa.

Cuando arribaron al lujoso edificio de apartamentos donde residía Micaela, ésta no pudo dejar de asentar en su mente que Manguito estaba exageradamente callada. Durante el viaje lo había notado, pero ahora, al subir por el ascensor, su silencio se acentuó aún más. Tal vez no pensaba regresar tan pronto al lugar donde había sido tan duramente maltratada esa misma mañana.

—Gaby —dijo la Chef mientras encendía las luces del vestíbulo y sala de estar del loft—, mientras voy preparando todo, ¿quieres ir a la nevera a buscar una botella de Fino de Jerez que tengo enfriando ahí y la traes junto con dos copas que podrás encontrar en uno de los anaqueles de en medio?

—Sí, Micaela —contestó una Gaby ya francamente desconcertada y con el ceño fruncido—, enseguida.

Micaela entró al espectacular cuarto de baño, se descalzó y abrió las llaves de la lujosa tina de jacuzzi para que iniciara su llenado. Posteriormente, encendió las velas aromáticas de diversos tamaños que decoraban el ambiente, nuevas, sin usar, seguramente a la espera de una ocasión especial. Después de poner en el jacuzzi, ya lleno, las sales aromáticas que vertió desde un hermoso frasco de cristal, cerró el suministro de agua, apagó las luces eléctricas y admiró con placer el efecto logrado.

—¿Micaela? —escuchó que la llamaba Manguito, buscándola.

—¡Aquí, en el cuarto de baño! —contestó.

Mientras Gaby, estupefacta, pasaba la vista por el escenario recién creado por Micaela, ésta le retiró de las manos la botella de Fino y las copas, en las que escanció una generosa cantidad de vino. Seguidamente, entregó una de ellas a la muchacha, quien seguía sin decir una sola palabra.

—Hagamos un primer brindis, Gaby —dijo Micaela, alzando su copa—, por el lanzamiento de tu nueva carrera y por los grandes éxitos profesionales que tendremos juntas. ¡Salud!

Y diciendo lo anterior, la Chef chocó su copa con la de Gaby, quien no había cambiado de posición. Acto seguido degustó con fruición un trago de su Fino helado. Gaby, a su vez, apuró casi media copa de un solo trago y fijó su vista sobre la de su supuesta amiga.

—Micaela, ¿te estás burlando de mí? —preguntó Manguito reflejando profunda incertidumbre en su voz.

La Chef Micaela Curien tomó conciencia de que no se había sentido tan nerviosa desde muchos años atrás, cuando, en París, estaba a punto de vivir su primera vez. Por ello, su anárquico comportamiento ante Gaby, quien por supuesto, estaba justamente intranquilizada. Es más, sabía que sus actitudes podían ser mal interpretadas y tal vez a ello obedecía el hostil talante de Manguito. Pero ya no había retroceso. *Alea iacta est.*

Con lentitud, tomó el vino de Gaby de sus manos y colocó las dos copas sobre la repisa donde anteriormente había apoyado la botella. Con ambas manos se arregló los bordes de su rubia cabellera y fijó sus azules ojos sobre los de Mousse de Mango. Inhaló profundamente y, suspirando con lentitud, tomó amorosamente las manos de su compañera.

—Gaby, querida, no hay nada más lejos de mis intenciones que burlarme de ti. Disculpa por hacerte sentir así, pero no sé cómo expresar lo que te quiero decir y estoy cometiendo muchas torpezas.

—Tranquila, amiga, a mí puedes decirme lo que gustes.

—Gracias, Gaby. Tomo aire y te lo digo, ¿vale?

Gaby no pudo evitar sonreír ante la situación y le dio el impulso que Micaela necesitaba con un cordial apretón a las manos que la tenían sujeta.

—Mira, Gaby, el día del concurso en tu Universidad, fui con una flojera infinita. Mi vida personal estaba hecha un desastre, así que malditas las ganas las que tenía de ir a degustar platillos más o menos mediocres, como todos los años. Fui porque me había comprometido y le tengo mucho aprecio a mi palabra. Así estaban las cosas hasta que vi y probé un manjar digno de Afrodita, una mousse de mango perfecta en todo, una verdadera obra de arte. Pero lo que más me gustó ese día fue la artista y deseé que esa hermosa chica fuera la ganadora del concurso para poder conocerla a profundidad. Por supuesto, que Mousse de Mango contó con mi voto, pero dependía también de los otros jurados. Pero no tenía que haberme preocupado, no había manera que tan excelso proyecto perdiera, era perfecto, y así empecé a conocer a Mousse de Mango.

—¿Mousse de Mango? —preguntó Gaby.

—La hermosa autora de aquel prodigioso platillo.

—Ah, ok.

—Un día cenamos juntas, una velada inolvidable, y conocí facetas desconocidas de Mousse de Mango que me mostraron a una chica inteligente, generosa, divertida y adorable. Me enamoré, ahora estoy segura que fue esa noche cuando me enamoré. Sin embargo, mi vida se complicó terriblemente y no pude o no quise darme cuenta de ello. ¿Sabes cuándo me percaté cabalmente de que estaba irremediablemente enamorada? Anoche, cuando me besaste antes de quedarme dormida.

Gaby se ruborizó notoriamente.

—Hoy fue un día de locos. Y quise llevar lentamente las cosas contigo, acercamientos formales, conquista paulatina, etc. Por eso mi invitación para una cita el lunes.

»Sin embargo —continuó Micaela— hace unos momentos te vi trabajando en la cocina del Restaurante y perdí toda prudencia. Mis ansias por declararte mis sentimientos y mis deseos por hacer el amor contigo, exceden ya toda mesura. Te amo, Manguito. Por eso inventé esta fiesta que ya te habrás percatado que es sólo para ti y para mí, para declarar formalmente inaugurada una nueva era para ambas.

Micaela soltó las manos de Gaby y se alejó unos cuantos pasos.

—No estaba preparada porque no pensaba decirte nada hoy, amada Gaby, por lo que no compré flores, ni bombones. Pero todo ello se ofrece por su significado, así que yo te ofrezco mi nuevo jacuzzi, está recién instalado y ni siquiera yo he tenido la oportunidad de estrenarlo. Si me aceptas, será nuestro, tuyo y mío. Yo voy a entrar ahora en él. Puedes seguirme, Manguito, y entonces, al compartirlo, adquirirá significado para nosotras, será el simbolismo de lo que compartiremos a partir de este momento. También, puedes dejar las cosas como están, te doy mi palabra de honor que no habrá ni un solo cambio en tus condiciones de trabajo.

Micaela esperó a que Gaby dijera algo, lo cual no sucedió por lo que se dio la vuelta dando la espalda a su amada, y con suma lentitud desabrochó uno por uno los botones de la casaca de chef con el escudo de *La Lorraine* bordado en dorado. Con perfecta conciencia de lo erótico de sus actos se quitó la casaca y el cómodo top que usaba para trabajar, dejando al descubierto sus blancos y perfectos hombros y su hermosa espalda.

Desconocía el grado de excitación que estaba provocando en Manguito, pero ella misma estaba como caldera de volcán a punto de hacer erupción, mientras se quitaba sus pantalones negros del uniforme, dejando al descubierto sus espectaculares piernas y sus apretados glúteos que no alcanzaba a cubrir su sexy tanga. Ésta última prenda, siguió lentamente el camino descendente en un sensual y preciso movimiento dejando a Micaela completamente desnuda ante los ojos de Manguito.

Con parsimonia, se giró 180º, dejando a la vista de Gaby sus espectaculares pechos coronados por grandes y rosadas aureolas, un vientre perfecto, unas caderas impecables y un pubis indescriptible, depilado e invitante al amor.

Con sensualidad y gracia se introdujo en la tibia bañera sin quitar ni un momento su celestial mirada de los ojos de Gaby, quien la veía con profundo arrobamiento.

Una vez que se sumergió en las aromáticas aguas, Gaby se giró de espaldas en un movimiento brusco, haciendo creer por un momento a Micaela que la había perdido. Pero la muchacha sólo se dirigió a la repisa donde estaban las copas y las volvió a llenar. Con picardía, le acercó la suya a Micaela y se alejó para pagarle a la Chef con su propia moneda.

Cuando la chaqueta del uniforme de Manguito cayó al suelo, Micaela comprobó que el sueño que había tenido aquella noche no le hacía justicia a la muchacha. Su piel acanelada era de una belleza y una delicadeza sorprendentes. Sus pechos se adivinaban perfectos y proporcionados a la menuda complexión de Gaby, ocultos todavía por un discreto sujetador de encaje blanco. Con lentitud desabrochó su pantalón, el cual una vez que rebasó sus amplias caderas, cayó impulsado solamente por la fuerza de gravedad. La

82

Chef admiró entonces las piernas más hermosas que recordara rematadas con unos muslos que le quitaron la respiración y más, al fundirse sin continuidad con unas hermosas caderas y éstas, a su vez, con una cintura de infarto.

Con dos graciosas patadas, la chica se deshizo simultáneamente del calzado profesional reglamentario y de los pantalones caídos.

Con toda la intención de provocar un shock erótico a su compañera, Gaby llevó las manos a su espalda y soltó con lentitud el broche del sujetador y sacó éste de los brazos, manteniéndolo sobre sus pechos con una sola mano. Luego, sosteniendo la azulada mirada de Micaela, quien sólo mordía sus labios, abrumada por el deseo, lo dejo caer. Siguiendo el mismo movimiento, metió sus dedos entre el elástico de sus lindas y ya notoriamente húmedas braguitas y se las quitó con agilidad, mostrándose como el ideal de una vestal totalmente desnuda, iluminada solamente por la mística luz de las velas.

Micaela se vio en la necesidad de cerrar los azules ojos para asegurarse que no sufría alucinaciones; cuando los abrió de nuevo, ya Manguito había tomado su copa y se había sumergido junto a ella como sacerdotisa de un antiguo ritual del amor y la sensualidad.

De repente y sin transición alguna, Manguito estalló en una límpida y alegre carcajada.

—¿De qué te ríes? —preguntó una sorprendida Micaela.

—¡Manguito! —contestó Gaby, todavía riéndose—. Habrase visto. ¿De dónde sacaste eso?

—Perdón, Gaby —respondió Micaela, apenada—. Es solamente un apelativo cariñoso que se me ocurrió. Si te molesta…

—Shhhh, Mika —dijo la chica, embelesada, al mismo tiempo que depositaba su copa a la orilla del jacuzzi y tomaba el rostro de Micaela con ambas manos en una amorosa caricia—. No me molesta en lo más mínimo. Es más, me encanta ser tu Manguito, casi tanto como me encantas tú...

Ya para entonces, Micaela podía aspirar el dulce aliento de la chica de sus desvelos, mezclado con el aroma de las velas y el de las sales en el agua, temblando sus labios ante la inminencia del deseado contacto. Gaby no esperó más y rozó con sus labios los de la Chef, haciéndole saber que su amor era plenamente correspondido.

Poco a poco intensificaron el beso y empezaron a acariciarse mutuamente. Primero exploraron sus rostros, sus cabelleras y sus cuellos, para luego aventurarse en terrenos más recónditos, tanto arriba como debajo del agua. Sus bocas se bebían una a la otra, tratando de apagar esa sed mutua de amor y placer que por fin estaba siendo saciada. Sus manos acariciaban con frenesí sus brazos, sus hombros, sus senos. Sus dedos pellizcaban los pezones de una a la otra haciéndolas sentir las más sensuales sensaciones.

—¡Gaby, amor mío, mi Manguito!

—Mika, ¡te quiero, te quiero!

En la cima de la lujuria, Micaela se irguió sobre sus rodillas y recostó a Gaby sobre el borde de la tina para poder contemplarla en todo su esplendor, maravillada de tener tanta belleza a su alcance.

—Cierra los ojos, Gaby. Relájate y disfruta. Déjame hacer.

Manguito obedeció, temblando de excitación. Micaela acarició con sus pulgares los párpados cerrados de la chica, prosiguiendo lentamente a recorrer sus labios entreabiertos, para luego descender por cuello y hombros hasta alcanzar los enhiestos pezones, oprimiéndolos con delicadeza con la sola intención de proporcionar placer. La respiración entrecortada de Gaby le indicó a Mika que sus denuedos estaban teniendo éxito.

Con toda la intención de enardecer a Manguito hasta la locura, con lentitud siguió recorriendo su bello cuerpo, hasta alcanzar caderas y muslos y, cuando la muchacha abrió sus piernas discretamente, dejándolas flotar casi al azar, acusó la invitación y acarició con delicadeza la vulva soñada. Gaby reaccionó al contacto como si hubiera recibido una descarga eléctrica, al mismo tiempo que exhalaba un lúbrico gemido.

—Aaaaaaaahhh, Mika, Mika, por favor...

Micaela, estimulada por la respuesta de la joven, apoyó el pulgar en su clítoris, y lentamente introdujo el índice y el cordial en la lubricada vagina. Gaby sólo se mordió los labios y dejo que las sensaciones dominaran su afiebrado cuerpo.

Mika inició así una delicada estimulación que, paulatinamente, llevó a Manguito a las puertas de un apoteósico orgasmo. Cuando éste se aproximaba, Micaela acercó su rostro al de su amada para plantarle un voluptuoso beso. Gaby la abrazó con pasión mientras era fuertemente sacudida por los espasmos del paroxismo total.

Una vez que la respiración de Manguito se medio normalizó, abrió los oscuros ojos y le sonrió con amor a Micaela, que la observaba cautivada.

—Te amo, Micaela. De verdad, no sabes cuánto.

—Me alegra tanto saberlo, mi Manguito adorado.

—Te he amado siempre, desde que te conocí hace un par de años en la Universidad —dijo Gaby abrazando a Mika y apoyando su cabeza sobre el desnudo pecho de la Chef—. Por aquel entonces acababa de terminar con mi novia del Liceo y, después de conocerte, ya no pudo haber nadie más. Mi sueño era ganar el concurso para poder acercarme a ti. Y ya ves, me salió mejor de lo que tenía planeado.

—Te salió perfecto, diablura de Manguito. Me has hechizado por completo— y terminó su afirmación levantando el rostro de Gaby y dándole el beso más amoroso que hubiera dado en su vida, mientras sus húmedos senos entraban en mutuo contacto.

Micaela sintió cómo se erguían, al contacto, los pezones de Gaby, quien intempestivamente, rompió el contacto y se puso de pié.

—Vamos, Mika querida —y con rapidez, tomó la mano de Micaela halándola fuera del agua, corriendo y salpicándolo todo, hacia la recámara.

Al llegar a ella, riendo ambas a carcajadas, Manguito arrojó a la empapada Chef encima del edredón y se arrojó a sí misma encima del blanco y deseable cuerpo.

—Gaby, ¿qué haces? —intentó protestar tímidamente—. Estamos arruinando el...

Como única respuesta, Manguito acalló su reparo besando fervorosamente sus labios e introduciendo la lengua en una ansiosa búsqueda de placer. Micaela se rindió y decidió dejarse llevar por las maravillosas sensaciones.

Gaby besó su boca por largos minutos, mientras acariciaba alternativamente sus dos pechos, mientras Mika, a su vez, acariciaba con lujuria la espalda y las maravillosas nalgas de la joven. En su momento, Manguito decidió degustar las rosadas aureolas y erectos pezones de Micaela, quien se los ofrecía con fruición arqueando la espalda para incrementar ese contacto que la ponía loca de pasión.

La muchacha no tardó en continuar su viaje hacia el sur, lamiendo, mordiendo, acariciando zonas cada vez más íntimas de la hermosa epidermis de la Chef. Pechos, abdomen y muslos fueron escenarios de la erótica danza emprendida por Manguito. Micaela respiraba con dificultad ante la expectativa generada por la muchacha. Su sexo latía con una intensidad nunca antes alcanzada, haciéndola creer que si su compañera se demoraba más, iba a enloquecer debido a la excitación.

Afortunadamente, Gaby se apiadó de ella; introdujo sus manos bajo sus apretadas nalgas para mejorar la accesibilidad del hermoso pubis, y dedicó la atención de su lengua a darle placer por toda la zona, desde el ano hasta el clítoris, pasando por los exquisitos labios e introduciendo la misma en la rosada vagina.

Micaela empezó a sentir cómo alcanzaba el cielo gracias a las artes mágicas de un hermoso ángel que nunca creyó poder encontrar.

La explosión de sensaciones conjuntadas en el mejor orgasmo de su vida —placer, amor, seguridad, esperanza y ternura— provocaron que Mika soltara unas cuantas lágrimas cuando Gaby se acercó tiernamente a besarla.

—¡Manguito, Manguito! Te amo, Manguito mío.

Fin

Le Vie en Rose

Para Abaigeal,
amiga incondicional y
genial creadora del personaje de Elena.

Miércoles 5

—Buenas noches, damas y caballeros. En nombre de Air France, el capitán de la nave y su tripulación les damos la más cordial bienvenida a bordo de este avión Boeing 747-400, para la realización del vuelo 511 con destino directo al Aeropuerto Internacional Charles de Gaulle de la ciudad de París, Francia. Nuestro tiempo estimado de vuelo será de diez horas con treinta minutos y volaremos a una altitud de crucero de 35 000 pies. Ahora, les solicitamos su atención mientras revisamos información importante y procedimientos de emergencia a bordo de nuestro avión...

Con los ojos llenos de lágrimas, dejé de escuchar el macarrónico español de la azafata francesa para concentrarme en los sentimientos encontrados que me provocaba el hecho de dejar mi ciudad, ausencia que duraría, probablemente, todo el próximo lustro. Durante años, mi más grande anhelo fue terminar el Liceo para poderme ir a estudiar la Licenciatura en Gastronomía y Hotelería en París y, posteriormente, a obtener el Gran Diploma en Cocina que otorga el prestigioso instituto francés Le Cordon Bleu. Y ahora que lo había logrado, gracias a un gran esfuerzo académico, recién subida en el avión ya echaba de menos mi casa, mi vida, mis amigos, mi padre y mi ciudad.

El avión carreteó por la pista y despegó hacia los hermosos cielos de mi amado país, iluminados por la luna, llevándome por primera vez en mi vida, totalmente sola, a una aventura desconocida a miles de kilómetros de lo que yo conocía y amaba.

Jueves 6

Horas después, un taxi Peugeot, de los que hay miles en París, me depositó, en una gris tarde de septiembre, ante la pensión de Mme. Fournier, que se pretendía fuera mi residencia en los próximos meses o tal vez años. La pensión, que estaba situada en uno de los tranquilos barrios del Distrito XIV de París y albergada en una gran mansión de arquitectura decimonónica, típica de la ciudad, había sido elegida por mi padre por su prestigio en elegancia y comodidad. Ni ahí me podría yo librar de ser su niña adorada.

Una doncella me hizo pasar y me llevó directamente hasta Mme. Fournier, una matrona imponente y amenazadora, con edad indefinida pero arriba de los sesenta años y con un austero atuendo rematado por un estirado peinado sobre su blanquísimo cabello.

—Buenas tardes, hija. Tú debes ser Micaela —dijo Madame con profunda voz en un francés educado, con acento de París—. Tu padre, el Chef Curien, me habló mucho de ti. Bienvenida a esta ciudad.

—Gracias, Madame, me da gusto conocerla —dije tímidamente en el mismo idioma, mientras extendía mi mano para estrechar la suya—. Me siento feliz de haber llegado.

—Pues debes de estar cansada, así que sólo te digo ahora que la cena se sirve a las 20:00, el desayuno a las 7:00 y el almuerzo a las 12:30. Se te pide que, si no vas a utilizar los servicios de alimentos durante un día, me avises a mí o a la encargada de cocina.

No se permiten visitas después de las 22:00 y éstas no podrán entrar a las habitaciones. ¿Te queda claro?

—Oui, Madame. No se preocupe. No causaré problemas.

—Gracias. Somos famosos por el orden y esmero que ponemos en el cuidado de nuestros huéspedes y así debe seguir. Paulette te llevará a tu habitación. Tu equipaje ya debe estar ahí.

—Merci beaucoup, Madame. Lo aprecio mucho. ¿Hay algún lugar desde donde pueda llamar a casa?

—En el vestíbulo que da a tu habitación hay una mesita con teléfono. Ahí podrás recibir llamadas y hacer telefonemas locales. Los de larga distancia, deberás hacerlos a cobro revertido. Bienvenue, mon chère, deseo que tu estancia aquí sea placentera y provechosa.

Una vez que Paulette salió, dejándome sola en mi habitación, me senté en una de las dos camas gemelas y estudié el que se suponía iba a ser mi hábitat íntimo y personal a partir de aquel día.

El aposento era amplio, incluso al ser usado por las dos personas para las que estaba destinado. Yo no compartiría mi dormitorio porque Père insistió en pagar el sobreprecio para darme el cómodo lujo de tener mi propio espacio en forma exclusiva.

Las camas, con su mesa de noche compartida al centro, presidían el espacio, flanqueadas en la pared opuesta a la de las ventanas por un gran ropero de madera con grandes lunas en sus puertas. Frente al ropero, se encontraban las dos hermosas ventanas, enmarcadas con elegantes cortinas, por las que se podía apreciar el primoroso jardín público que había del otro lado de la calle. No cabía duda que Père se había esmerado para que me fuera asignada una de las habitaciones con mejor vista de toda la pensión de Mme. Fournier.

Junto a las ventanas, se encontraban dos pequeños sillones de descanso adornados con carpetas de punto y, en medio de ellos, una mesa con su respectiva silla que podía servir para comer o como mesa de estudio y trabajo. Frente a las camas, junto a la puerta de entrada, se encontraba un lindo mueble tocador con espejo. Al lado del ropero se encontraba la puerta que daba acceso al diminuto baño con ducha, el cual contrastaba, en su modernidad, con la arquitectura de la casa.

Si no fuera por mi gris estado de ánimo, hubiera podido apreciar la elegancia y comodidad de la pulcra habitación.

Con lentitud, me dirigí al vestíbulo para buscar el teléfono y así darle rápido trámite a la promesa hecha a mi padre de reportarme en cuanto estuviera instalada.

Solicité rápidamente a la operadora la llamada a cobro revertido y en unos segundos escuché el saludo de mi padre.

—¿Hola? ¿Micaela? Hija mía, ¿Cómo llegaste?

—Hola, Père, ¿cómo estás? ¿No te desperté?

—No, hija, aquí ya son las siete de la mañana. Y de cualquier manera, hace horas que esperaba tu llamada. ¿Cómo llegaste? ¿Tuviste buen vuelo? ¿Todo bien con Mme. Fournier?

—Tranquilo, Père —dije sonriendo—, son muchas preguntas a la vez. Vamos por partes.

—Cierto, discúlpame, pero es que he estado muy nervioso desde tu partida. Casi no he podido dormir.

—Tómalo con calma, Père. Tu niña ya está grande y se sabe cuidar sola —dije esto a sabiendas que era una gran mentira, pero ¿qué iba a decirle al viejo?

—¿Qué tal el vuelo?

—El vuelo, magnífico. La atención maravillosa, aunque yo casi no pude descansar, entre la falta de costumbre y los nervios. La llegada a París también fue perfecta. En el aeropuerto cambié algunos dólares por francos para tener efectivo durante estos días, en lo que arreglo los asuntos del banco. Definitivamente, contar con la Guía Michelin de Viaje ha sido mi salvación.

—Me alegro, hija. ¿Y la casa de Mme. Fournier es satisfactoria?

—Sí. Es linda y cómoda. Y ella misma se aprecia que es severa, pero me pareció amable.

—No olvides mis recomendaciones, Mika. Mañana, viernes, acude al banco a registrar tu firma y a que te den tu chequera y tu tarjeta. Ve al consulado para registrarte como nacional de nuestro país residiendo en París y, sobre todo, familiarízate con las líneas del metro y transportes para ir a tu universidad y a los sitios principales que deberás frecuentar.

—Descuida, Père, lo cumpliré al pie de la letra.

—¿Cómo te sientes tú, princesita mía?

—Pues, en realidad, no he tenido tiempo de asimilar mi nueva situación, pero yo diría que me siento sola y temerosa. La verdad, Père, te extraño mucho. A ti y a todos, a mis amigos, a Armand y hasta a Brutus.

—Él también te extraña. Me estuvo dando lata toda la noche y no ha querido comer. De hecho, la casa se siente muy vacía sin ti.

—Me imagino, Père. No te vayas a descuidar, por favor.

—Pierde cuidado, Mika. A ti es a quien te pido te cuides mucho. No olvides llamar el domingo, por la noche allá, por la tarde acá, y así instauramos el llamarnos cada domingo.

—Así lo haré, Père. Adiós. Hasta el domingo.

—Adiós, querida hija mía. Cuídate. Esperaré ese día con ansiedad. Te quiero.

—Yo a ti, Père.

Cuando corté la llamada, mis ojos estaban inundados de lágrimas. Corrí por el pasillo hasta mi habitación, donde me arrojé en la cama a llorar desesperadamente la terrible soledad que me golpeó inclemente.

Ulteriormente, gracias al cansancio del viaje y a no haber dormido durante el vuelo, caí en un sueño profundo. Cuando desperté, la habitación estaba completamente a oscuras y, seguramente, ya había perdido la hora de la cena. Sin embargo, mi cuerpo no había asimilado el cambio de horario, por lo que no tenía ganas de continuar durmiendo. Pero mi estado de ánimo no había cambiado ni un ápice, así que me senté durante horas sobre la cama, sin desvestirme, sin abrir las mantas y sin encender la luz, a contemplar las extrañas sombras que la noche urbana proyectaba sobre las cortinas y a lamentar mi desamparo. Las luces del amanecer se empezaban a perfilar cuando pude caer dormida, con la incómoda sensación subconsciente de que mi equipaje permanecía intacto, todavía en sus maletas.

Viernes 7

Después de dormir un par de horas y de pasar someramente por el bufet con el que se cumplimentaba el desayuno en la casa de Mme. Fournier, salí a realizar los pendientes que tenía para ese día. Mi estado de ánimo no había cambiado mucho y la falta de sueño y la nublada mañana parisina no colaboraron mucho a mejorarlo. Salí porque las gestiones que realizaría eran vitales para mi estancia en Francia y porque así se lo había prometido a mi padre.

La belleza urbana parisina, que me hubiera deleitado en circunstancias normales, ese día me pareció sumamente hostil, ya que me recordaba mi condición de extraña y desarraigada e incrementó mi sensación de soledad.

Con la lentitud propia de aquella que no conoce el terreno, fui realizando mis actividades programadas. A la hora del almuerzo, comí un croissant de jamón y queso acompañado por un café en un pequeño bistró a orillas del río. Este bocadillo, que siempre me había parecido delicioso, ahora me supo a cartón.

A media tarde, abordé un atestado metro para dirigirme a la pensión, en donde pasé las siguientes horas tratando de convertir mis aposentos en un lugar habitable y mi equipaje en un menaje útil y permanente.

Durante la cena, tuve oportunidad de conocer a varios de mis compañeros de pensión. Por mucho, yo me convertí en la mascota de la casa al ser la más joven de todos y la única extranjera. La mayoría estaba formada por estudiantes de posgrado, de ambos sexos, aunque había algunos ejecutivos jóvenes. No había ningún estudiante más de licenciatura. Todos fueron muy agradables conmigo y me dieron cordialmente la bienvenida, pero poco a poco fueron acudiendo a sus actividades cotidianas, dejándome nuevamente rumiando mi soledad. Me retiré temprano y gracias a la falta de sueño acumulada, pude pasar una noche descansada.

Sábado 8

Al día siguiente, sábado, amaneció un lindo día en París así que, después de desayunar, me forcé a salir a pasear para no encerrarme en mi propia melancolía. Como era lo que se esperaría de mí, enfilé mis pasos hacia la torre Eiffel.

La línea 6 del metro me llevó directamente hasta la estación Bir-Hakeim desde donde caminé muy lentamente por los jardines adyacentes al Campo de Marte hacia el extraño monumento que era la torre misma. Entre mi malogrado ánimo y mi sensibilidad estética, la famosa Tour Eiffel me pareció, más bien, un montón de hierros viejos. Sin embargo, al llegar a su base y ya que estaba ahí, pagué los 50 francos que costaba el ascenso y el acceso al mirador.

Ya estando arriba, observé que el piso estaba lleno de grupos de turistas de diversas nacionalidades, que viajaban en las postrimerías del período vacacional de verano. Reconociendo mi propio idioma, advertí un escandaloso grupo de españoles de ambos sexos, aproximadamente de mi misma edad, seguramente tránsfugas del bachillerato. Entre ellos, destacaba por su preciosa voz de mezzosoprano y su altiva presencia, una chica alta, con un lindo cuerpo, luminosos ojos de miel, cabello hasta los hombros de color castaño claro y con un bronceado de anuncio de revista. Vestía unos vaqueros entallados, que hacían destacar sus amplias caderas y duros glúteos, y una suelta blusa de tirantes que, al llevarla sin sostén, dejaban adivinar sus proporcionados pechos. Unas zapatillas Converse y una cinta para el pelo completaban el armonioso conjunto.

Como siempre que me gustaba el aspecto de una chica, mis sentimientos entraban en conflicto. Desde hacía varios años que sabía que los varones no me atraían en lo más mínimo, pero no alcanzaba a asimilar ese incomprendido gusto por las chicas como una preferencia sexual definida.

Con los conocidos sentimientos de rechazo a mis emociones e insatisfacción causada por mis inseguridades, me alejé del grupo para salir a otear la ciudad desde la plataforma exterior, a 275 metros sobre el suelo.

La visión panorámica de la metrópoli me hizo pensar en mi madre. Casi no la recordaba, pero sabía que ella había amado esta ciudad desde que Père la trajo de luna de miel en el primer viaje que ella hacía al viejo continente. Sé que anhelaba profundamente venir conmigo y ser ella misma mi guía de La Ville Lumière. Por eso me pudo tanto contemplar la gran urbe así, en toda su extensión, incluyendo el río y los monumentos históricos que alcanzaba a divisar. Ese pensamiento, más la incertidumbre, la soledad y la percepción de París como mi nueva cárcel más que El Dorado soñado, hizo que una aniquilante morriña invadiera mi espíritu. El sentimiento fue tan fuerte que ya ni llorar pude, sólo un gigantesco puño me atenazó el pecho y la garganta.

Volví al interior y puse mi mochila sobre el piso, ahí junto a otras, me senté abrazando mis rodillas y escondí mi cara entre ellas. La algarabía del grupo de españoles logró que mis ojos empezaran a humedecerse y que mi pecho iniciara una secuencia de espasmos sollozantes.

—Elena, apúrate ya, que vamos tarde —escuché gritar a uno de los muchachos.

—Ya voy, Amir —contestó la hermosa voz de mezzo—, sólo espera a que esta franchute llorona me permita tomar mi mochila.

Su comentario me hizo volver la cara hacia ella mientras acumulaba bastante furia en su contra.

—¡Franchute llorona, tu abuela! —le dije, clavando sobre su hermoso rostro mi mirada de reproche.

En un principio, la mezzo se desconcertó por mi respuesta, pero rápidamente se repuso y estalló en una alegre carcajada.

—¡Ah, de América! Disculpa, pensé que eras extranjera... o sea, quiero decir, que no eras hispana... de haberlo sabido no lo hubiera dicho... sólo lo hubiese pensado —encima se hacía la graciosa y, la verdad, tuve que hacer un esfuerzo para no contagiarme de su risa y permanecí seria—. ¿Me permites coger mi mochila?

Con parsimonia, me hice a un lado para abrirle espacio hacia sus cosas. ¡Por Dios, qué agradable y fresco aroma irradiaba!

—Gracias —me dijo cuando alcanzó sus pertenencias—. Perdona que me entrometa, pero ¿te encuentras bien? ¿Necesitas ayuda?

—No, gracias. Estoy perfectamente.

—Bueno, adiós. Y disculpa mi comentario anterior.

Dijo esto y se fue, dejándome nuevamente sola conmigo misma y mi empantanado estado de ánimo, sin saber qué hacer y hacia adonde moverme, en ese momento en particular y en mi vida en general.

Minutos después volví a escuchar la voz del tal Amir.

—Está bien, Elena, si eso quieres —dijo molesto.

—No te preocupes, Amir, nos vemos por la noche en el hotel —contestó mi admirada voz de mezzo.

—Procura llegar temprano. Sólo recuerda que nuestro tren a Niza sale a las seis de la mañana.

—No sufras, Amir. Ahí estaré.

Lentamente, Elena se acercó hasta donde yo estaba y percibí, más que ver, cómo se sentó junto a mí, sin decir una sola palabra. Recargó la cabeza en la pared, mientras era obvio que disfrutaba de la música que escuchaba a través de auriculares, desde un discman adosado a su cintura. Después de varios minutos, sacó una tableta de chocolate de su mochila y la desenvolvió.

—¿Quieres? —me dijo, ofreciéndome.

—Gracias —contesté mientras aceptaba su invitación—. ¿Qué escuchas?

—¿Conoces a Edith Piaf?

—¡Huy, sí! A mi abuelo le encantaba, aunque yo no estoy muy familiarizada con sus canciones.

—Escucha —dijo, y me pasó uno de los dos auriculares para que pudiéramos compartir la música.

Cuando reconocí la canción, no pude evitar sonreír. Eran los sonidos de mi infancia.

—Te ves más linda sonriendo que llorando —me dijo Elena amablemente—. ¿De qué te ríes?

—Ésta era la canción favorita de mi abuelo. La Vie en Rose: La Vida en Rosa.

—También es mi favorita de la obra de Piaf. De hecho, apenas ayer compré el CD, aquí. En mi pueblo nunca lo pude conseguir.

—¿De dónde eres? —pregunté tímidamente.

—De Tenerife, en las Islas Canarias. Un grupo de amigos y yo estamos viajando para celebrar que terminamos el Bachillerato. Mañana nos vamos a Montecarlo y, de ahí, a Italia. ¿Tú sabes qué dice la canción?

—Cuando me toma en sus brazos y me susurra con su voz profunda, veo la vida en rosa —traduje, mirándola directamente a los ojos—. Me dice palabras de amor y, con mi corazón en medio, convierte las palabras cotidianas en un pedazo de felicidad.

—Qué lindo texto.

—¿Y por qué te separaste de tus amigos? —pregunté.

—Ashhh. Ellos van hasta Versalles y me da flojera. Yo tengo cosas más personales que conocer en París —y tras una pausa de algunos segundos, me preguntó—: ¿Te gustaría acompañarme?

—¿Yo? —mi corazón empezó a sentir un agradable calorcillo—. ¿No te importará pasar el día con una loca depresiva?

—Estoy segura que no será así. Es más, ya volviste a sonreír. Te prometo que te divertirás.

—Acepto, pues. Pero será bajo tu propio riesgo —dije, ya francamente contenta.

—Hecho. Elena Machado, para servirte —se presentó extendiéndome la mano.

—Micaela Curien, a tus órdenes —le respondí, en reciprocidad.

—Mucho gusto, Micaela. Vámonos, no perdamos más tiempo.

Y con una agilidad sorprendente, se puso de pié y me ofreció su mano para ayudarme a hacer lo mismo. Con trabajos pude recoger mi propia mochila, porque Elena me tomó de la mano y me haló, impaciente, hasta el acceso a los ascensores.

Una vez a nivel de piso, mientras Elena analizaba su mapa, no pude dejar de fijar mi mirada en sus luminosos ojos y en sus deseables labios. "Dios mío, ¿qué me está pasando?", pensé. Elena propuso un itinerario.

—Una de las cosas que más tengo ganas de conocer, es el Bosque de Boulogne. ¿Te interesa? —propuso, clavando su profunda mirada en mí.

—Claro, con gusto —contesté, un tanto desubicada en mis emociones.

—Pues vamos allá. Según mi mapa, son sólo cinco estaciones del metro y luego transbordar otras dos.

Al entrar al bosque, caminamos un poco por uno de los numerosos paseos, conociéndonos, disfrutando de nuestra compañía y deleitándonos de la peculiar naturaleza del extenso parque. A poco, la inquieta curiosidad de Elena descubrió un kiosco de alquiler de bicicletas, lo que hizo que su espíritu aventurero comenzara a guiar sus acciones.

—Micaela, ¿sabes montar en bicicleta?

—Por supuesto, ¿por quién me tomas? —contesté, retadora.

—¿Qué te parece si...? —me dijo, señalando pícaramente con la mirada hacia el kiosco.

—Ya dijiste... —acepté, echando a correr con alborozo hacia el viejo encargado, todo un personaje parisiense surgido de un cuadro impresionista.

Alquilamos las bicicletas y dimos un paseo encantador, hasta que nuestras frentes perlaban de sudor, nuestros rostros estaban rojos por el sol, el aire libre y las risas, y la sed nos obligó a tomar una necesaria y rehidratadora pausa.

—Micaela —me dijo Elena mientras tomábamos un refresco en unas adorables mesitas bajo la sombra de árboles centenarios—, tú sabes que Edith Piaf es una de mis cantantes favoritas.

—Así es, me lo comentaste hoy por la mañana.

—Me gustaría ir a conocer su tumba. Dicen que está en el cementerio más bello de París. Es un lugar tan hermoso, que los parisienses acuden a él hasta para pasear. Además hay muchos otros personajes famosos sepultados ahí.

—Me parece muy bien. Si deseas ir, vamos. ¿Dónde está? —Elena me lo señaló en el mapa—. ¡Huy, queda del otro lado de la ciudad!

—Si quieres, lo dejamos.

—No, mujer. Está perfecto. No tengo nada mejor que hacer y así me familiarizo con el transporte parisino.

Para entender a ciencia cierta el concepto de "La paz de los sepulcros" es necesario conocer el cementerio Père-Lachaise en París. Desde su austero pero imponente arco de entrada, su mezcla infinita de estructuras arquitectónicas de los más diversos estilos, hasta la multitud de senderos y callejuelas, que descubren espacios pintorescos, hicieron que este lugar impactara con su belleza mi anterior percepción sobre la muerte. Con gran ilusión, pero profunda solemnidad, buscamos la tumba de Edith Piaf, proceso que nos permitió recorrer grandes secciones del cementerio.

Cuando encontramos la sepultura, entendí por qué el lugar es un cementerio vivo. El austero monumento, rotulado con letras de bronce sobre mármol negro "Famille GASSION-PIAF", estaba cubierto en su totalidad por flores frescas, depositadas el mismo día por muchas manos anónimas.

Elena, en silencio y con ceremonia, me pasó uno de sus auriculares y puso su CD de Edith Piaf y, en grave actitud, escuchamos una canción como solemne homenaje hacia el sepulcro. Al terminar la canción, se limpió con el dorso de la mano una solitaria lágrima y se echó a andar por el apacible camino hacia la salida del cementerio.

—Elena, ¿tú eres religiosa? —pregunté, después de dar unos pasos apresurados para alcanzarla.

—No, yo no. A diferencia de mis padres, que sí lo son —respondió Elena con seriedad—. Sin embargo, sustituyo mi falta de religiosidad por un profundo arraigo por las tradiciones y los simbolismos. Y hay rituales que me gusta celebrar. Creo que mucho de la convivencia humana se basa en el respeto por esas cosas y desgraciadamente, creo que se está perdiendo. ¿Tú sí eres religiosa?

—No, para nada. Trato de ser muy tolerante a las ideologías ajenas, pero yo no me adhiero a ninguna idea confesional. Y mi familia tampoco me ha inculcado ninguna. He estudiado historia de las religiones y su influencia social, sólo por amor a la cultura. Y, por otra parte, detesto el fanatismo en cualquiera de sus formas.

—En eso estoy de acuerdo contigo. Si creíste que vine a rezar, estás equivocada —Elena rió con soltura al decir esto—. Mi cantante favorita es Edith y vine a rendirle homenaje, pero no religioso, más bien muy humano; a decirle que anhelo lograr su grandeza en lo que pienso hacer y a darme fortaleza para no dejar que mi vida se hunda en la miseria como lo fue la suya. Has de decir que estoy loca.

—No, ¿cómo crees? Me encanta que alguien piense así y lo lleve a la práctica.

—Gracias por acompañarme, Micaela.

—Y, a todo esto, ¿no tienes hambre, Elena?

—¿La verdad? ¡Estoy famélica!

—Ah, pues ahora es mi turno. Vamos a comer a un bistró de postín en la zona del Jardín de Luxemburgo. Dice mi padre que es el mejor lugar para disfrutar cocina provenzal en París. Yo invito, pero con una condición: elijo el menú.

—Eso es trampa —me dijo Elena, haciendo un pucherito encantador—. Pero acepto, vamos.

Ya instaladas cómodamente en un bistró con vista al Jardín y habiendo ordenado descorchar una botella de vino y sendos vasos de agua mineral helada, procedí a estudiar la carta.

—¿Sabes lo que son los "escargots"?

—¿Caracoles? —aventuró Elena.

—Exacto. ¿Los has comido?

—Dos o tres veces. Hay un restaurante francés en Tenerife que los sirve con mantequilla de hierbas. Deliciosos. La preparación a la española no me gusta mucho.

—Pues aquí los comeremos como te gusta, en su expresión más clásica. Escargots a la Bourguignonne. Después, una sopa de cebolla gratinada.

—Mumm. Perfecto.

—Y como plato principal, una terrina de Foie Gras.

—¿Hígado? —preguntó Elena con cara de pocos amigos.

—De ganso, el mejor del mundo —contesté con deleite.

—Es que… a mí las vísceras no me gustan mucho.

—Bueno, no has probado ésta, te lo aseguro. Te daré un poco de la mía— le dije, guiñando un ojo—. Esta vez te perdono. ¿Qué tal un magret de pato? Pechuga en su jugo.

—Suena delicioso, pero vaya que la traes contra los pobres patos —dijo riendo y contagiándome de su risa.

Una vez que el camarero hubo levantado nuestro pedido, Elena se me quedó viendo con curiosidad.

—Hablas muy bien el francés —dijo, al fin.

—Gracias, pero es prácticamente mi segunda lengua. Mi abuelo nació en Francia, en La Lorena para ser más precisos, y nunca permitió que se perdiera el idioma. Mi padre y mis tíos lo hablan a la perfección y en mi casa se practica cotidianamente.

—Además, sabes mucho de cocina.

—Eso es lo mejor de todo —contesté riéndome—. Crecí en este medio. Mi padre es chef y dueño del más prestigioso restaurante francés de mi país. De hecho, ésa es mi pasión y estoy aquí para estudiar gastronomía.

—Ja. Ya decía yo. Seguro que lo harás muy bien. Se te nota el ímpetu en tus ojos y se ve que lo disfrutas.

—Gracias por tu opinión, Elena.

En ese momento fueron traídos los caracoles, de los que dimos buena cuenta, casi en silencio, por el apetito que nos atenazaba. Una vez terminado el primer tiempo, continuamos nuestra conversación.

—¿Y tú? ¿A qué piensas dedicarte? —pregunté, curiosa.

—Yo quiero ser oceanógrafa —me contestó, con orgullo.

—¿Oceanógrafa? Qué interesante. ¿Por qué?

—Por varias razones —me explicó Elena, entusiasmada—. Vivo en una isla, el mar es el centro de mi vida y el eje rector de la sociedad a la que pertenezco. Además de que el océano es mi delirio, será una manera de contribuir a un desarrollo realmente pertinente de mi comunidad. Al mismo tiempo, así podré conjugar dos de mis pasiones: la aventura y la ciencia.

—¿Dónde estudiarás? ¿En Canarias?

—No. Estoy matriculada en la licenciatura en Ciencias del Mar en la Universidad de Cádiz. Empiezo en tres semanas. Regresando de Italia, llegaremos en tren a Madrid para volar, desde ahí, a Tenerife. Apenas dispondré de una semana para prepararme y despedirme de mi familia antes de partir a Cádiz.

La soupe gratinée aux oignons, la terrina y el magret, cumplieron todas mis expectativas. Mientras el maître nos preparaba unas crêpes Suzette al más puro estilo, seguimos platicando sobre nuestros anhelos y planes de vida.

Mientras degustábamos sendos y deliciosos cafés noisette, me atreví a hacerle la pregunta que me había estado rondando todo el día.

—Elena, ¿Puedo hacerte una pregunta personal?

—Por supuesto, Micaela, con toda confianza —me respondió con una sonrisa, tanto en sus labios como en sus ojos.

—¿El tal Amir es tu novio? —pregunté sin atreverme a mirarla a los ojos y a sabiendas de que su respuesta era importantísima para mí, incomprensiblemente, ya que las probabilidades de volver a ver a mi nueva amiga eran muy remotas.

—¡No! Tonteamos, nada más —dijo riéndose alegremente—. Ya quisiera él, por supuesto. Y yo he tratado, de verdad, convencerme de aceptarlo. Me gusta un poco, hemos sido muy buenos amigos, lo quiero, es guapo, es perfecto. Pero no me acaba de atraer como pareja, por más esfuerzos que hago.

No sé por qué, pero su respuesta me alegró. No, miento. Sí sé por qué. Me estaba yo enamorando de esta chica. Hermosa, divertida, inteligente y aventurera. ¿Qué más atributos podría desear?

Pagué la consumición y comprendí que había llegado el momento de la despedida. Elena, en su esplendor, había llegado a mi vida sólo para irse nuevamente. Su beldad, su encanto, su frescura y su delicadeza de espíritu, pasarían a ser un solo instante en mi vida. A ella también se le ensombreció la mirada, según pude percibir, y guardamos un hierático silencio durante varios minutos. Luego, intercambiamos direcciones y salimos a la calle.

—Bueno, creo que es el momento de decirnos adiós —dije, emocionada y triste.

—¿Te puedo acompañar a tu casa? Así me familiarizo un poco más con el París cotidiano y conozco una pensión francesa elegante, de niñas ricas y afectadas —dijo, burlándose de mí.

—¡Oye! —le contesté, fingiendo enojo—. Yo no soy así, babosa.

—Pues eso está por verse. Y la última en llegar a la escalerilla del metro, paga los helados —casi no pude oír su perorata, porque ya se había echado a correr a la mitad de su frase. Elena tenía mucha mejor condición física que yo, así que cuando la alcancé en el barandal de la escalera, me encontraba sin aliento.

Cuando llegamos frente a la fachada de la casa de Mme. Fournier, veníamos taciturnas, comiendo nuestro helado de chocolate blanco. Al llegar a la puerta, Elena se despidió, solemne.

—Adiós Micaela, no olvides escribirme. Gracias por tu compañía.

Yo no resistí el impulso de limpiar, con la yema de mi índice derecho, un delgado hilo de helado que adornaba su labio superior. El contacto me hizo estremecer y estoy segura que, para Elena, el gesto no le fue indiferente, porque durante el mismo cerró los ojos más allá del tiempo normal de un parpadeo e hizo el ademán de decir algo, pero se arrepintió.

—Adiós, Elena. Gracias por invitarme a compartir este día. Lo pasé maravillosamente. Por supuesto que nos escribiremos —y, con circunspección, nos dimos sendos besos en las mejillas, después de lo cual ella se giró y caminó lentamente hacia la avenida.

Cuando se perdió de vista, entré en la casa, presa de una furia incontenible. ¿Qué demonios estaba yo haciendo ahí, rumiando mi soledad en una ciudad extraña, lejos de todo lo que amaba y lejos, ahora también, de Elena? ¿Cómo fui tan soberbia en creer que esto era la ambición de mi vida?

Subí a toda velocidad, sin ninguna discreción, azotando la puerta y haciendo gran escándalo, hasta alcanzar la mesilla del teléfono. Con suma grosería solicité la llamada con mi padre.

—¿Hola? ¿Micaela? Creí que hablaríamos hasta mañana, domingo. Hoy es sábado. ¿Te pasa algo?

—Père, por favor, ya no aguanto un minuto más aquí. Ven por mí, te lo suplico. Quiero regresar a casa.

—Princesita querida, ¿Qué te sucede? ¿Tuviste algún accidente?

—No, Père, nada de eso. No te preocupes. Estoy bien. Sólo me di cuenta que me equivoqué al venir. No me gusta estar aquí y ya no quiero estudiar. Con lo que me puedas enseñar tú, será suficiente. Sácame de aquí, por favor.

Mi padre hizo una larga pausa, en su gran sabiduría, seguramente planeando una estrategia.

—¿Sigues ahí, Père? —pregunté.

—Sí Princesa, aquí estoy. Escúchame bien. Es imposible que use mi teletransportador para estar ahí en la próxima hora. En el mejor de los casos, tardaré de 48 a 72 horas en llegar. Así que te propongo un trato.

—A ver, dime.

—¿Estás de acuerdo que ya se ha invertido bastante en esta aventura?

—Sí.

—¿Estás de acuerdo que, una vez que has tomado la decisión de regresar, el futuro no se ve tan amenazador como antes de tomarla?

—Siempre y cuando regrese a casa, sí, estoy de acuerdo con eso.

—Bien, Princesa, dentro de dos semanas es tu cumpleaños. Regálame esa fecha como plazo límite. Vive en París de aquí a ese día, tal como lo tenías planeado. Ve a matricularte a la Universidad el martes y haz todo como si pensaras quedarte. Aprovecha mi experiencia: la vida puede dar una inflexión sorpresiva. Inicia tus cursos la siguiente semana y evalúa realmente tus opciones. ¿Me harías ese favor?

—Pero, Père… —comencé a protestar.

—¿Me harías ese favor, hija mía?

—Sí, Père —dije, no muy convencida.

—Tal vez, Princesa querida, cambies de opinión durante estos días. Ya sabes que más sabe el diablo por viejo…

—Ay, Père…

—Te prometo que si para tu cumpleaños sigues deseando regresar, yo estaré ahí para traerte a casa.

—Gracias, Père. De verdad, cuento contigo. Me siento agobiada.

—Te puedo asegurar que es pasajero, Mika adorada. Ya lo verás. Pero si no, mi apoyo es tuyo, incondicionalmente.

—De verdad, te lo agradezco.

—Ahora, descansa tranquila. Llámame mañana, de cualquier forma, para saber cómo te sientes.

—Así lo haré. Gracias por todo. Saludos por casa.

—Hasta mañana, Princesa mía.

Cuando corté la llamada, me sentí más tranquila porque, a fin de cuentas, había tomado una decisión y, en dos semanas máximo, regresaría a casa.

Me dirigí a mi habitación y me acosté a soñar con el ángel fugaz que respondía al nombre de Elena.

Domingo 9

Al día siguiente, fui despertada intempestivamente por Paulette.

—Despierte, mademoiselle —gritaba, al mismo tiempo que propinaba impetuosos toques a la puerta—, Mme. Fournier la solicita abajo.

—¿Qué pasa, Paulette? —le pregunté, todavía medio dormida y entreabriendo la puerta.

—Madame requiere su presencia urgentemente en la planta baja. Atienda inmediatamente.

Con bastante angustia, acabé de despertar. Rápidamente me enfundé en una bata, me puse unas zapatillas y bajé a ver la causa de tanto escándalo.

Cuál no sería mi sorpresa y mi alegría al ver a Elena, quien estaba sentada en una de las sillas estilo Luis XV que adornaban el vestíbulo de entrada, con la mochila apoyada en sus piernas y, al lado de ella, en el suelo, tenía una gran bolsa de lona con zíper y asas. Mi amiga miraba con carita indiferente cada detalle de la decoración, mientras Mme. Fournier la miraba con el entrecejo fruncido.

En ese momento, Madame me percibió bajando la escalera y puso una cara de alivio que no pudo dejar de causarme risa.

—Micaela, qué bueno que llegas —me dijo, apurada, en su pulcro francés—. Tengo entendido que conoces a esta señorita que, hasta donde entiendo, quiere hospedarse aquí. ¿Serías tan amable de explicarle que esto no es hotel?

—¡Micaela! —exclamó Elena, casi simultáneamente, al percatarse de mi presencia—, vine a pasar aquí estas próximas dos semanas y parece que esta señora no quiere entender que necesito que me alquile una habitación. ¿Podrías pedírselo, por favor?

Mi corazón se desbocó de júbilo al escuchar las razones para la presencia de Elena en la casa, así que corrí a saludarla con un beso y un abrazo, que ella respondió con alegría. Cuando recuperé la compostura, Mme. Fournier nos observaba con severidad, mientras Paulette sonreía divertida ante la escena.

—Bonjour, madame —dije, abochornada, a la matrona—. Disculpe usted el alboroto. Mire, le presento a mi amiga, Elena Machado. Ella es española, está en París de vacaciones y, por el momento, no tiene dónde quedarse. Ella sabía que yo estaba aquí y creyó que podía solicitar hospedaje estas dos semanas.

—Pues explícale cómo funciona esta casa, que sólo trabajamos bajo contrato y que apreciamos mucho la exclusividad del lugar. Así qué tendrá que marcharse.

—Elena… —comencé a decir con tristeza y sin saber a ciencia cierta cómo darle la mala noticia.

—No, si no tienes que explicar. No entiendo el francés, pero distingo muy bien cuando no me quieren en alguna parte —dijo esto mientras recogía su pesada bolsa—. Dile a Brujilda que disculpe las molestias, que lamento haber alterado un lugar tan exclusivo y selecto, que ya la libro de mi presencia de simple plebeya… ¿Te espero en el café de la esquina?

—Espera, Elena… —y dirigiéndome a Mme. Fournier, cambiando de idioma al francés—: Mme., por favor, le pido que permita a Elena quedarse conmigo estas dos semanas. Yo tengo espacio, usted lo sabe bien, y le cubriríamos la cuota proporcional de sus alimentos. Le prometo que no daremos problemas.

Mme. Fournier evaluó mi propuesta durante varios segundos, en los cuales yo contuve la respiración. Volteó a ver alternativamente hacia mí y hacia Elena, quien la miraba fijamente, también esperando, ansiosa, la respuesta.

—Está bien, Micaela —dijo al fin Mme. Fournier—, pero es una decisión que tendré que consultar con tu padre para ver si otorga su permiso. Y a la primera cuestión que no me parezca, se tendrá que ir. ¿Estás de acuerdo?

—Oui, madame. Merci. Merci beaucoup —dije atolondrada, pero sonriendo. Y dirigiéndome a Elena—: ¡Te puedes quedar! Dijo que te puedes quedar conmigo.

—Gracias, Señora, muchas gracias —dijo Elena en español y riendo con alegría. E, impulsivamente, se acercó a la dueña y le dio dos sonoros besos, asestándole, en el ínterin, tremendo golpe en las rodillas con su pesada bolsa, que aún sostenía entre sus manos.

Con rapidez tomé una de las asas de la talega de mi amiga y la guié velozmente hacia el piso superior, dejando a Mme. Fournier con la boca abierta y en estado cataléptico.

Una vez en mi habitación, le señalé a Elena cuál sería su cama.

—Dime, amiga, ¿qué haces aquí? —le pregunté, ansiosa.

—Pues comprendí que me gusta mucho París y que todavía tengo muchas cosas por conocer. Así que pensé que Montecarlo e Italia podían esperar a un futuro viaje y, tomando en cuenta lo bien que lo pasamos ayer, decidí quedarme aquí las dos semanas que restan de mis vacaciones. Claro, pensé que si estábamos en la misma pensión sería más sencillo para organizarnos y disfrutar juntas los días que puedas y quieras acompañarme —hizo una pausa, apenada—. Pero no quiero ser una molestia para ti, si esto te va a traer problemas con Brujilda o con tu padre, yo busco un hotel modesto. Lo menos que deseo es incordiarte.

La carita de Elena denotaba expectación y notaba que hacía un tremendo esfuerzo por controlar su voz. Mi corazón se llenó de ternura.

—Elena, ¿te parece o te doy la sensación de no estar feliz que estés aquí? Es la mejor idea que has tenido en tu vida. Me parece maravilloso. Estoy encantada. ¿Cuándo te vas?

—Estaré aquí hasta el sábado 22 —dijo, recuperando ya su natural alegría.

—¡Nooo!

—¿Qué pasa con eso?

—¡Es el día de mi cumpleaños! —le dije, olvidando que, precisamente esa fecha era la programada para mi regreso a casa—. Si te vas, lo pasaré sola.

—No te preocupes. Lo celebramos el día anterior y te prometo una fiesta histórica. ¿Cuántos cumples?

—Dieciocho.

—¡Qué pasada! Pues vas a tener una entrada inolvidable a tu mayoría de edad. De eso, yo me encargo.

—Gracias, amiga. ¿Qué tienes en mente hacer hoy?

—Quiero tomar un crucero por el Sena, ¿qué opinas?

—Me parece perfecto. En lo que me doy una ducha y me visto, ve acomodando tus cosas. Hay suficiente espacio libre en el ropero y en el tocador.

—Hecho.

—Posteriormente, bajamos a desayunar y nos vamos.

—Estupendo —y, después de una pausa—: Muchas gracias por recibirme, Micaela.

Con el corazón cantando, entré al cuarto de baño para prepararme a pasar un día maravilloso.

A las 10:00 de la mañana, contentas y eufóricas, abordamos el pintoresco bote de los que hacen un recorrido guiado por el río Sena. Elena admiraba cada icono parisino que veíamos en el recorrido y me contagiaba su entusiasmo. Cada puente y cada edificio hizo el deleite de mi bella amiga, hasta que divisamos la majestuosa Cathédrale Notre Dame, la cual le quitó el aliento y la dejó sin palabras, debido a la carga histórica y artística que representaba y, sobre todo, porque al contemplarla así, se sentía ella misma parte de la historia universal.

—Ésta es, sin lugar a dudas, la ciudad más bella del mundo —dijo, emocionada—. No sabes cómo envidio el que residas aquí.

—Elena... —dije abochornada—. No me quedaré. Voy a regresar a casa después de mi cumpleaños.

—¿Cómo? —preguntó con incredulidad.

—Sí. Creo que me equivoqué al venir. No estoy hecha para estar sola y desarraigada. Echo mucho de menos mi casa.

—¿Sabes qué? Estás loca. Ahora es, precisamente, cuando te estás equivocando. ¿Vas a dejar escapar la oportunidad de estudiar lo que te gusta porque tienes miedo a estar sola? —me hablaba muy seria y en sus ojos se vislumbraba tristeza—. Pensé que eras más luchadora, fuerte, independiente... pero ya veo que me equivoqué, sólo eres una niña de papá, sobreprotegida.

Recibí sus palabras como una dura bofetada, a sabiendas que tenía razón. Elena se había convertido en un bastión fundamental para mantener la promesa hecha a mi padre y, ahora, la había hecho sentir mal. Sin contar con mis sentimientos personales, los cuales nacían tumultuosos hacia su hermosa persona. Taciturna y cabizbaja, me alejé de ella y dejé de disfrutar el resto del paseo.

Cuando el crucero arribó al muelle terminal, me apresuré para ser de las primeras en bajar. Ya sobre la avenida, junto al río, había algunas bancas con vista al mismo, por lo que me senté en una de ellas para analizar mis opciones, mientras esperaba a Elena.

—Michela, ¿me perdonas? —escuché decir a la grave voz de Elena, mientras se sentaba junto a mí—. Estoy de acuerdo que me pasé. Te conozco de solamente dos días y ya quiero sermonearte y dirigir tu vida. Discúlpame por favor. Tu amistad ha sido muy valiosa para mí y no tengo por qué juzgarte. Si es tu decisión final, te apoyaré en todo.

Como toda respuesta le di un cálido abrazo. Elena me abrazó también, y así nos quedamos por varios minutos, sumidas en nuestros pensamientos. El aroma que despedía y el contacto con su piel llenaron mi alma de una calidez imposible de definir. Sus senos, chocando con los míos, me enviaron señales muy intensas que no pude descifrar, pero que me hicieron sentir un nudo en el estómago

—De verdad que lo siento, Michela, no fue mi intención hacerte sentir mal. Perdóname, ¿sí? —me dijo, mientras me daba un dulce beso en la cabeza y tiraba con ternura de mi oreja—. ¿Podemos hacer de cuenta que este incidente nunca pasó?

—Podemos, demonio de españolita, siempre que tú invites los refrescos, porque estoy muerta de sed— dije, así que, huyendo de las intensas sensaciones provocadas por su contacto, eché a correr juguetonamente hacia el puesto de bebidas situado a unos metros de distancia.

Sin embargo, la semilla de la duda acerca de lo acertado de mi decisión sobre mi vida futura, había sido sembrada.

Esa noche, la llamada a Père la manejé rápida y expedita.

—Mika, hija querida, ¿cómo te encuentras?

—Bien, Père, gracias. Mucho mejor que ayer.

—Eso me alegra mucho, Princesita. ¿Tiene algo que ver con la mejora de estado de ánimo tu nueva amiga española?

—Ja, Mme. Fournier no perdió el tiempo ¿Verdad?

—No, me habló temprano por la mañana para plantearme la situación y pedir mi opinión.

—¿Y cuál es tu opinión, Père?

—Pues en un principio me preocupó que, impulsivamente y como consecuencia de tu soledad y morriña, te relaciones con personas inconvenientes. Y más, que les permitas la entrada a tus habitaciones.

—Père, Elena sólo tiene dieciocho años, es de buen nivel cultural y tiene mucha educación. Como dirían, "es de muy buena familia".

—Por eso me bajó la preocupación, hija. Conozco tu capacidad para evaluar a las personas y casi nunca te equivocas. Así que tengo la seguridad de que la chica es confiable. Y, además, Mme. Fournier tiene la misma impresión. Así que, adelante. Nada más te pido que actúes con prudencia.

—Claro que sí. Si algún día tienes oportunidad de conocer a Elena, te va a encantar.

—Por lo pronto, envíale un saludo de mi parte. ¿Tú sigues con la idea de regresar a casa después de tu cumpleaños?

—En principio sí. Pero ya veremos, ya veremos. Por el momento, París ya no me parece tan hostil.

—Bueno, eso es un avance en la dirección correcta.

—¿Tú cómo estás, Père? ¿Cómo están todos?

—Todo muy bien, niña mía. No te preocupes por nada.

—Pues te mando un beso gigantesco y otro a Brutus. Cuídate mucho.

—También recibe un beso, Mika adorada. No olvides llamarme el próximo domingo.

—Adiós, Père, te quiero y te extraño —dije, antes de cortar la comunicación.

Al ingresar a la habitación y ver a Elena lista para dormir, en braguitas y con sólo una camisetita de algodón, mis hormonas se aceleraron en caída libre. Ahora ya no era la admiración y amor de mi espíritu por una diosa, sino que un intenso deseo empezó a estrujar mi cuerpo.

Temblando, me quedé en silencio temiendo delatar mi condición si alguna palabra o algún gesto escapaban a mi control.

—¿Qué te pasa, Michela? —me preguntó Elena, con seriedad—. ¿Sigues molesta conmigo?

—¡No, no pienses eso nunca! —contesté, con la boca seca.

—Es que te noto seria.

—Sólo estoy algo cansada —mentí—. Sin embargo, estaba pensando en la extraordinaria suerte que tuve al encontrarme contigo.

—Yo pienso lo mismo —me dijo Elena, regalándome una de las maravillosas sonrisas que llevaban dos días derritiéndome el alma—. ¿Sabes qué?

—Dime, Elena.

—En el tiempo que llevamos de conocernos, he descubierto en ti a la personita más linda y maravillosa que haya conocido. Te has convertido en mi mejor amiga y...

—¿Y?

—Te quiero, Michela, de verdad —diciendo lo cual se acercó y me dio un beso y un abrazo que me dejaron congelada—. Gracias por tu amistad.

—Te la has ganado tú por lo mismo, Elenita, linda —alcancé a decir.

Con rapidez, Elena se retiró de mi lado y se metió entre las sabanas de su propia cama.

—Buenas noches, Micha querida —me dijo Elena y se volteó precipitadamente hacia el otro lado, dándome la espalda y aprestándose a dormir.

"¿Me está coqueteando esta niña?", pensé para mí misma. Mi corazón perdió el paso y mi estomago se retorció al considerar esa posibilidad. "¿Será posible?"

En lugar de pasarnos horas charlando hasta la madrugada, como suelen hacer dos amigas de nuestra edad y más, cuando están consolidando la amistad, Elena había cortado la plática sin más ni más, y ahora dormía o fingía dormir. ¿Estaría mi amiga pasando por el mismo dilema y padeciendo las mismas tensiones que yo o me estaba imaginando cosas presionada por mis propios anhelos?

Admirando su perfil, desde el hermoso cabello que apenas cubría su desnudo hombro, su sensual brazo y el voluptuoso contorno de su cintura, caderas y piernas que insinuaban las sábanas, quise creer que mis sentimientos eran, de alguna manera correspondidos. Y presentía algunas sutiles señales, pero no podía estar segura.

Suspirando porque mis suposiciones y afanes fueran realidad, el cansancio me fue venciendo poco a poco y caí en un sueño profundo, pero ilusionado.

Lunes 10

Al día siguiente, lunes, fuimos de compras. Yo necesitaba algunos suministros esenciales de higiene personal y de ropa, y Elena quería comprar recuerdos y regalos para sus padres y algunos amigos. Y no había nada más atractivo que conocer la amplia promesa que, en esta materia, podía ofrecer la ciudad de París a dos jóvenes como nosotras. Por supuesto que fuimos a La Place Vendôme y a las Galerías Lafayette, pero sólo a inhalar el olor a lujo y grandeza que se respira ahí. El comprar algo de lo que exhibían en esos elegantes aparadores y que nos hacía suspirar, estaba totalmente fuera de nuestro alcance, lo que no impidió que volviéramos locas a dos o tres vendedoras mientras nos probábamos, con pomposidad y muertas de risa, algunos vestidos y sombreros, momentos que quedaron inmortalizados por la cámara de Elena.

En la casa Cartier, situada en La Place Vendôme, me enamoré de unas pulseritas de plata de diseño refinado y modernista, con una placa para grabado visible del nombre del propietario, pero cuya adquisición, aunque al alcance de mi cuenta bancaria, sería irreflexiva, en el mejor de los casos.

En nuestra Guía Michelin de Viaje nos informamos que el famoso Mercado de las Pulgas de Saint-Quen, además de los fines de semana, también abría los lunes, así que consideramos que era la oportunidad ideal para que Elena adquiriera sus regalos. Alborozadas como éramos, nos dirigimos hacia allá y recorrimos sus miles de metros cuadrados buscando algo lindo que Elena pudiera regalar. En un puesto repleto de muñequitas de trapo hechas con preciosura, mi amiga decidió regalarle una a su mamá.

—Michela, ¿podrías pedir esa muñequita por mí, por favor? —me pidió al mismo tiempo con su profunda mirada y con un suave toque en mi hombro. Poco a poco estábamos perdiendo la necesidad de comunicarnos con palabras

—¿Por qué no lo haces tú? Yo te digo cómo: Je peux montrer cette petite poupée de chiffon, s'il vous plaît?

Aunque la marchanta no pudo reprimir el esbozo de una sonrisa, Elena pudo llevar la negociación a feliz término.

—¿Por qué se rio de mí? —me preguntó molesta, cuando nos alejamos del puesto.

—No sé —contesté, riéndome a mi vez.

—Dime. Y no te rías tú también —dijo, amenazándome con su dedo índice.

—Es que era poupée y dijiste pupet.

—No es cierto. Lo dije bien, dije pupet.

—¿Ves? Pupet —dije sin poderme aguantar la risa—. Eres una pupet irredenta.

Y apenas pude esquivar el bolsazo que me quiso asestar en plena cabeza, ya francamente las dos ahogadas en carcajadas.

Cuando salimos ya era tarde y me tuve que conformar con hacer una compra rápida de los artículos más necesarios para mí en una gigantesca tienda C&A.

Llegamos exhaustas y felices a la pensión. Después de una deliciosa cena, nos acostamos y Elena cayó en sueño profundo instantáneamente. Yo me quedé contemplando su plácido y hermoso rostro, admirándome del giro que había tomado mi vida en solamente dos días. París, la cárcel sin barrotes de hacía 72 horas, se empezaba a mostrar como una verdadera madre luminosa. Y a mi lado dormía la chica más hermosa, por dentro y por fuera, que me hubiera podido encontrar. Por ella sería capaz de vencer mis propias limitaciones, para mostrarme a sus ojos como ella quería que fuera. Así de simple. Por primera vez en mi vida lo asumía y estaba feliz de hacerlo. Tal vez, y sólo tal vez, estaba siendo salvada, gracias a ma petite poupée, mi muñequita.

Martes 11

—Buenos días, Pupet —dije burlona, a una Elena recién despertada.

—Buenos días —gruñó, al mismo tiempo que escondía la cabeza bajo la almohada.

—Escucha, dormilona, hoy tengo que hacer acto de presencia en la universidad. Los estudiantes extranjeros tenemos que reportar nuestra llegada, confirmar nuestra matrícula, recoger horarios y todo eso. Creo que hasta tengo entrevista con el decano de la Escuela de Gastronomía. No sé con exactitud a qué hora terminaré, pero calculo que será cerca del mediodía. Si quieres, fijamos un lugar y una hora para almorzar juntas.

—Michela… —dijo Elena tímidamente, retirando la almohada para mostrar su linda carita— ¿te podría acompañar?

—¿Te interesará? Por mí, encantada que me acompañes, pero temo que te aburras.

—No, qué va. Por eso no te preocupes. Me fascinará conocer una universidad aquí, en su funcionamiento cotidiano —me dijo Elena, emocionada—. Además, me sentiría muy solita sin ti. Prefiero estar contigo, aunque me aburra.

Este último comentario de mi amiga hizo que mi corazón perdiera el ritmo. Nuevamente me surgía la duda acerca de si yo representaba algo más para ella que una simple amistad. "No, seguramente estoy vislumbrando ilusiones distorsionadas por mis propios anhelos".

—Pues entonces, levántate ya, floja, que se hace tarde.

Las gestiones en la universidad fueron ágiles y satisfactorias. El campus era hermoso y el personal y los alumnos me hicieron sentir bienvenida. Sentí orgullo por haber sido aceptada en tan prestigiosa institución y cierta tristeza y aprensión al recordar que no me quedaría.

El kit de bienvenida que me fue entregado, venía primorosamente impreso y contenía toda la información que requería saber un alumno de primer ingreso. Sin embargo, un gran escrúpulo me sobrevino cuando me entregaron la lista de los uniformes y el material y equipo que requeriría durante mi primer semestre. La duda sobre la pertinencia de hacer la inversión para solamente permanecer una semana en las aulas, apagó todo mi entusiasmo.

—Michela —me dijo Elena, tomándome las dos manos y clavando en mis ojos su profunda mirada—, ven. Te invito un café.

—Mira, Micha querida —me dijo Elena, una vez que estuvimos sentadas ante sendos expressos, una frente a la otra y sin tocarnos, en una mesa de la semivacía cafetería de la universidad—, no sé cómo decirte lo que quiero decir. Es más, tal vez te enojes y hasta pierda tu amistad, pero no puedo quedarme callada.

Un frío temor se instaló en mi pecho ante las palabras de Elena.

—Sé que no es sencillo, ni para ti ni para nadie, estar lejos de todo aquello que nos da seguridad —continuó Elena, sin apartar su mirada de mis ojos—. Comprendo muy bien todo lo que estás sintiendo en estos momentos, pero hay varios puntos que me parece que estás apartando de tu cabecita por el miedo a enfrentarte sola a lo que tanto has soñado. Echas de menos a tu familia, a tus amigos, por no hablar de la comodidad del hogar. Piensa en la suerte que tienes de poder hacer realidad tus sueños. Hay montones de chicos de nuestra edad que no tienen la oportunidad que se nos está brindando a nosotras, no disponen de los medios económicos y ni de unos padres que los apoyen a lograr sus metas.

»No estás teniendo en cuenta el gran esfuerzo que supone para tu padre, y no te hablo sólo del esfuerzo económico, sino de lo que sentimentalmente significa para él tenerte lejos. Estoy segura que si él aceptó y te apoyó, ha sido porque conoce tu gran potencial, por la confianza que tiene en ti, porque te sabe capaz de lograr todo aquello que te propongas en la vida... y yo también lo creo. Pero tienes que recordarte a ti misma que tú puedes. No estarás sola Micha, harás montones de amigos que te apoyarán y te cuidarán. ¿Qué vas a lograr en el futuro si hoy no eres capaz de enfrentarte al mayor de tus sueños? ¿Lograrás vencer a todo lo demás? ¿Dejarás escapar siempre las oportunidades que te presente la vida porque te llenas de morriña?

No pude contestarle ninguna de sus preguntas, por lo que agaché mi mirada, que se perdió en el café que se enfriaba sostenido por mis manos como único asidero que me quedaba.

—Además, como mujer, tendrás que esforzarte más —prosiguió mi amiga al observar mi silencio—. En teoría, esa desventaja de género ya quedó en el pasado pero, en realidad, ¿cuántas chefs famosas hay en tu país? Porque en el mío, no hay ninguna, que yo recuerde. Si quieres ser verdaderamente triunfadora, deja de ser niña hoy y asume tu potencial. Lo tienes, sólo que el miedo no te deja verlo en estos momentos. Ese debe ser tu primer logro, tu primera victoria, destruye ese miedo, no dejes que sea más fuerte que tus anhelos. Hazlo por ti, únicamente por ti. Los demás ya sabemos lo que eres y lo que eres capaz de lograr. Cree en ti, Micha.

Con lentitud, alcé la mirada hacia su rostro, coloreado por la pasión de lo que acababa de expresar.

—Y ya, no volveré a tocar el tema. Discúlpame por entrometerme, pero te quiero demasiado para quedarme cruzada de brazos. Tener amigos tiene sus ventajas, como que te hagan reír... pero también sus desventajas, el que metamos las narizotas donde a veces no nos llaman —terminó Elena, y se tomó su café de un trago.

Como única respuesta, me levanté de la mesa, le di un beso en la frente y la tomé de la mano.

—Vayamos por esos uniformes, querida Pupet —le dije sonriendo.

La compra de los uniformes fue sumamente divertida. Elena me hizo probar cuanto gorro de cocinero había, aunque estaban fuera del protocolo de la universidad, y me fotografió con todos ellos, así como con quién sabe cuántas casacas. Debe haberse gastado una millonada en rollos de película.

Sus hirientes burlas no cesaron sino hasta que, en la tienda a la que acudimos a comprar mi equipo, estaba probando mi flamante juego de cuchillos de cocina de acero alemán y la amenacé con el cuchillo de chef de 12 pulgadas.

—¡Síguete burlando! Toma nota que ya estoy armada —le dije con cara de Jack el destripador.

—No, pues así por las buenas, mejor me callo. ¡Chacha, cómo te pones por una risita de nada! —contestó, muerta de risa. Y aún así, me volvió a fotografiar mientras la amenazaba.

Llegamos a la pensión, exhaustas pero felices, cerca de las 15:30. Cuando Paulette nos abrió la puerta principal, se le veía muy excitada.

—Rápido, mademoiselle, algo raro está pasando y todos están en la sala de televisión. Se cayeron unos aviones o algo así y todos están muy asustados y...

Ya no escuché más a la doncella, dejé todos los paquetes en el vestíbulo y tomé de la mano a Elena, que no había entendido nada de la perorata de Paulette y la conduje a la sala de estar de la pensión.

Al entrar, vi a Mme. Fournier y a otros cinco o seis huéspedes horrorizados ante la imagen que proyectaba el televisor que, cuando la vi a mi vez, me sobrevino un ataque de náusea. La pantalla mostraba a las dos majestuosas torres gemelas del World Trade Center de Nueva York, con sendas columnas de humo en su cúspide, indicativas de dos incendios monumentales. La narración explicaba que una hora antes, un avión, de naturaleza desconocida, se había estrellado en los pisos superiores de la torre norte. Todos supusieron un fatal accidente hasta que, veinte minutos después, un segundo avión impactó la torre sur, por lo que se temía, con bases muy sustentadas, un ataque terrorista. Con estupefacción e incredulidad, le fui traduciendo a Elena los comentarios del periodista de la televisión francesa que narraba los acontecimientos en vivo desde Nueva York.

Esa tarde la pasamos viendo con verdadero horror los acontecimientos, incluyendo el ataque al Pentágono, el derrumbe de las torres, las noticias de los secuestros y la declaratoria del presidente Bush de "Alerta Máxima" en todos los Estados Unidos. Poco a poco se fueron incorporando más huéspedes a la audiencia.

Durante la cena, el ambiente fue sumamente solemne, casi fúnebre, aunque no faltó el analista improvisado dando su, según él, sapiente comentario.

Elena y yo nos retiramos poco después de la cena y comentamos durante un par de horas los terribles acontecimientos. Le platiqué, con añoranza, mi viaje a Nueva York el verano pasado y mi ascenso al mirador en el piso 107 de la torre sur. Después, el cansancio nos fue venciendo paulatinamente.

Nadie lo sabía aún, pero yo ya había resuelto afrontar mi destino con valor para hacerme digna a los ojos de Ma Petite Poupée y a los de mí misma. Antes de quedarme dormida, no pude dejar de pensar que, ese día, tomé la decisión de cambiar mi mundo para siempre. Pero, por lo visto, ese día el mundo entero cambió para siempre.

Miércoles 12 al sábado 15

Los siguientes días, aunque la noticia del ataque terrorista era el tema de todos los corrillos, la vida siguió su curso en Paris. Ni el famoso titular del periódico Le Monde *Nous sommes tous Américains*, Somos Todos Estadounidenses, publicado el trece de septiembre, ni la declaratoria del presidente Jacques Chirac de poner a Francia en alerta, como miembro de la NATO, para asistir militarmente a los Estados Unidos y a los 19 estados miembros en caso de ataques terroristas, fueron suficientes para apagar nuestro entusiasmo juvenil.

Elena y yo disfrutamos plenamente de París: Las Tullerías, el Museo del Louvre, Los Inválidos, Champs-Élysées, Montmartre y Sacre Coeur pero, sobre todo, de nuestra mutua compañía. Yo era consciente de que estábamos creando vínculos especiales que, en mi caso, trascendían por mucho los alcances de una simple amistad. Sin embargo, no estaba segura de que mis sentimientos fueran correspondidos, aunque existían señales, algunas sutiles, otras más claras, que Elena pasaba por similares emociones.

El viernes, Elena propuso ir a Versalles.

—Micha, me muero de ganas de conocer el Palacio de Versalles. ¿Vamos hoy?

—Creí que te daba flojera ir hasta allá.

—Eso fue el sábado pasado. Aquel día tenía cosas más importantes que conocer en la ciudad. Bueno... no precisamente cosas. Más bien, a una linda personita rubia, con los ojos azules más maravillosos que haya yo visto y que se veía levemente desamparada —me dijo, mientras me veía fijamente.

Nuevamente, las señales. Nos estábamos diciendo las cosas muy claramente, pero mi total inexperiencia, las secuelas persistentes de los resquemores hacia el hecho de amar a una persona de mi mismo sexo y el profundo temor a ser rechazada, me impedían manifestar mis afanes y mis deseos y terminar así con la tortura que me consumía, así que sólo agaché mi cabeza, abochornada.

—Vamos pues, Pupet. No perdamos más tiempo —alcancé a decir.

De esa forma pasamos un día maravilloso visitando el espectacular Palacio de Versalles. El sábado volvimos a salir de la ciudad para visitar el Parc Asterix, donde sufrimos una severa regresión a nuestra infancia.

El turismo era genial, pero hacerlo con la visión, la cultura y la alegría de vivir que aportaba Elena, era magnífico. Sin embargo, sentía que el tiempo se me escurría de las manos sin poder retenerlo. La partida de Elena se acercaba cada vez más y yo sabía que tendría que forzarme a mí misma a dar el gran paso. No podía creer que tomar la decisión de quedarme sola en París me costó menos arrojo que el que me estaba costando decir un "Te amo". Mi cobardía me estaba causando ya mucho dolor y no quería que Elena se fuera sin que yo lo hubiera intentado. No deseaba que partiera dejándome con la incertidumbre más grande de mi vida.

Domingo 16

El domingo, nos quedamos descansando en la pensión ya que yo tenía que prepararme para, al día siguiente, asistir a mi primer día como estudiante universitaria. Los nervios me tenían el estómago más revuelto que lo que habían logrado las ocho veces que nos subimos a la monumental montaña rusa del parque Asterix.

Por la noche, me comuniqué a casa.

—Hola, Père, buenas noches.

—¿Cómo está mi linda Princesa?

—Muy bien, Père, muy bien. Hemos paseado mucho.

—Me alegro mucho, Mika querida. ¿Ya estás lista para mañana?

—Sí, ya. Tengo listos mis uniformes y todo. La universidad es linda.

—¿Y qué has decidido sobre tu regreso a casa?

—Escucha, Père, mis temores y sentimientos continúan igual, pero he decidido luchar contra ellos. No sé si lo lograré, pero haré todo lo que esté en mis manos. Me quedo, Père. Espero estar haciendo lo correcto y espero no flaquear en mi decisión.

—Te felicito, hija mía. Me siento muy orgulloso de ti. Por supuesto que lo lograrás, ya lo verás. Eres más fuerte de lo que crees.

—Gracias por tu apoyo y por todo lo que representas en mi vida.

—Mika, te deseo lo mejor en tu entrada a clases. No sólo por lo importante que será mañana, sino por lo que constituye para tu vida futura. Será una experiencia maravillosa. Confía en tu padre.

—Gracias por tus buenos deseos, Père, pondré lo mejor de mí misma.

—Llámame mañana para que me platiques cómo te fue, ¿sí?

—Lo haré, no te preocupes. Hasta mañana.

—Adiós, Princesa hermosa.

Lunes 17 al jueves 20

Mientras terminaba de arreglarme, poco antes de las siete de la mañana, Elena me veía desde mi cama. Tenía la costumbre de cambiarse a mi cama, nada más levantarme yo... cosa que me encantaba que hiciera.

—Nos vemos, Pupet querida. Deséame suerte.

Rápidamente, Elena se levantó de la cama para correr a abrazarme. Como ya se había vuelto costumbre, su aroma y el contacto con su cuerpo, me descompuso a pesar de los nervios que sentía ante mi inminente entrada a clases.

—Claro que sí, Micha, te la deseo con todo mi corazón —me dijo, emocionada—. Pero no la necesitarás. Tienes la madera para llegar a ser la mejor chef del universo, y lo serás, te aseguro que lo serás —se colocó detrás de mí y me giró hacia el espejo—. Mírate, nada más, vestida así, lo pareces. Y si no la mejor, la más hermosa ya lo eres —concluyó, entrelazando sus dedos con los míos mientras rodeaba mi cintura con ambos brazos al mismo tiempo que fijaba su mirada en la mía a través del espejo.

Me dio dos sonoros besos y me fui a vivir la aventura de mi vida, con la fortaleza infundida por su abrazo y envuelta en la miel de su mirada.

Los primeros días fueron una vorágine. Nuevos profesores y nuevos compañeros que conocer, rutinas a las cuales adaptarse, la perspectiva de una profesión que supera, en la realidad, las expectativas creadas, los primeros trabajos escolares. La locura, en fin. Elena pasaba por mí a la salida de mis clases y pasábamos el resto de la tarde juntas, terminando de conocer los atractivos de la ciudad. Llegábamos a la pensión muertas de hambre y de cansancio, pero felices.

Yo, a mi vez, empecé a ser optimista respecto de mi futuro. La universidad me gustaba y ahora tenía en Elena una amiga incondicional que, aunque sabía que pronto se iría, su alejamiento sería solo geográfico y siempre estaría en mi corazón. Pero necesitaba decírselo y no encontraba la manera.

Elena me avisó, el miércoles por la mañana, que la celebración de mi cumpleaños estaba lista. Que me preparara para el viernes a partir de las siete de la tarde, con vestido de cóctel. Ella había visto mi guardarropa y sabía que tenía uno muy adecuado, pero como ella no, dedicaría esa mañana a recorrer tiendas para adquirir el suyo.

—¿En qué consistirá la celebración, querida Pupet? —pregunté curiosa.

—Ah, eso no te lo voy a decir. Será una sorpresa. Yo te prometí algo espectacular y lo cumpliré, pero, por hoy, no sabrás más.

—Dime, Lelena, por favor —insistí, mimosa.

—Dije que no. No seas curiosa.

Y de ahí no la saqué. En mi fuero interno, deseaba que "Lelena" hubiera planeado una celebración más tirando a lo romántico que a lo festivo, porque, en ese momento, tomé una resolución: mi auto-regalo de cumpleaños sería vencer mis miedos ante Elena y declararle mi amor. Ya sería cuestión de ella si me aceptaba o no, pero yo no dejaría pasar la oportunidad. Claro que una cosa es pensarlo y otra hacerlo, pero... ya se me ocurriría cómo lograrlo sin perder la cordura en el intento.

Viernes 21

El viernes llegó por fin. Cuando vi a mi ángel arreglada con su vestido nuevo, peinada con su cabello suelto sobre los hombros, ligeramente maquillada y sostenidas sus espléndidas piernas por dos hermosos zapatos de tacón, estuve a punto de morir de un infarto.

El vestido, color hueso con ribetes dorados, delineaba con precisión su perfecta figura; sus proporcionados pechos, su esbelta cintura y sus magnificas caderas se dibujaban con finura gracias al corte de la prenda. El diseño básico, estilo topless, era interrumpido intencionalmente con una sugerente banda de tela amplia que rompía totalmente el trazo, desde el hombro derecho, en diagonal hasta la cintura, dejando desnudo y a la vista el dorado hombro izquierdo de mi amada. El vestido alcanzaba a cubrir sólo hasta la mitad de sus esculturales muslos, dejando a la imaginación placeres insospechados. Elena, además, portaba el atuendo como una diosa, dejándome sin respiración.

Yo, tampoco me veía mal, debo reconocerlo. A donde tuviera pensado mi Pupet llevarnos, íbamos a causar sensación.

—Estás guapísima, Pupet. A donde vayamos, vas a causar furor —le dije, admirándola con amor.

—Tú no te quedas atrás, Michela, te ves espectacular —me contestó, también con galantería—. ¿Estás lista? Paulette me hizo favor de pedirnos un taxi.

—Vámonos pues —dije emocionada.

—Al Hotel Ritz en La Place Vendôme, s'il vous plaît —ya en el taxi le dijo Elena al chófer, en un francés bastante aceptable.

"¿Al Ritz?", pensé ilusionada, "Es la catedral de la alta gastronomía francesa. El legado viviente de Auguste Escoffier, el chef más famoso de la historia. ¿Que tendrá en mente mi muñequita?"

Poco tiempo después, entrábamos por la legendaria puerta giratoria del Ritz París, lo que para mí significó entrar en un mundo de fantasía. Elegancia y refinamiento se sintetizaban discretamente en una atmósfera cálida e íntima. Con toda seguridad, ostentándose como absoluta conocedora del terreno, mi Pupet me condujo hasta la clásica, elegante y luminosa sala, situada bajo un inmenso techo con efecto trompe l'œil, que alojaba el Restaurante l'Espadon. "Dios mío, el templo del mismísimo Escoffier." Definitivamente, Mi Muñeca no pudo elegir mejor lugar para celebrar mi cumpleaños.

El distinguido mâitre del lugar nos recibió con elegante cortesía.

—Good evening, Miss Machado, welcome to The Ritz. Your table is already waiting for you.

—Thank you, very much, monsieur —contestó mi Elena, en perfecto inglés, revelándome una faceta desconocida de su personalidad.

Fuimos conducidas por el mismo mâitre a una primorosa mesa para dos personas, con sillas de brazos.

—Dime si no se parece a Pepé le Pew —comentó Elena, divertidísima—, el zorrillito francés de los dibujos animados, que vivía eternamente enamorado de la gatita negra.

—No tienes perdón, amiga —contesté, muerta de risa, sobre todo por lo atinado de la observación—, nadie escapa a tu mirada crítica.

El mismo Pepé le Pew nos trajo los fastuosos menús. Sin preguntarnos, haciendo gala del servicio inigualable que caracteriza al Ritz, a Elena le trajeron la carta impresa en inglés, mientras que a mí me la ofrecieron en francés. A diferencia de lo que podría esperarse, la cantidad de platillos ofrecidos era muy reducida, pero sumamente selecta.

—Es diferente a lo que comimos el otro día en los Jardines de Luxemburgo —me comentó Elena sin despegar la vista de su carta. Yo sólo tenía ojos para admirarla.

—Ciertamente —le contesté—. Aquella es la típica cocina provenzal. Aquí encontrarás lo que se conoce como cocina clásica francesa o haute cuisine, o sea cocina de autor.

—¿Qué cenarás, Micha linda?

—Mira, no creo poder comer mucho, así que me limitaré a un plato principal —le contesté sin confesarle que las mariposas que revoloteaban en mi estómago difícilmente me permitirían ingerir algo más—. Los Tournedos Rossini, creación de mi ídolo Escoffier, serán mi selección. ¿Qué tienes en mente para ti?

—Yo también optaré por un sólo plato, pero yo prefiero pescado. Creo que elegiré el lenguado a la mantequilla.

Cuando el maître d' hôtel se retiró con nuestra orden, no pude dejar de pensar, con orgullo, que mi querido Armand Dubois, el maître del restaurante de mi padre, no le pedía nada a éste en distinción, cortesía y vocación de servicio.

Pero, rápidamente dejé de pensar en otra cosa que no fuera la beldad que tenía enfrente. Elegante, dotada de una hermosura indefinible, con la mirada más estremecedora de cuantas haya yo conocido y con los labios más besables del universo. Me encontraba observándola embelesada, cuando dirigió su mirada de miel hacia mí, pillándome infraganti en su contemplación.

Durante algunos instantes, me miró reflexiva y cariñosa.

—¿Estas satisfecha, Michela? —preguntó, tomando mi mano—. ¿Es más o menos lo que esperabas para celebrar tu cumpleaños?

—Es mucho más, Pupet querida —le contesté, cálidamente emocionada—. Es maravilloso que me hayas traído aquí, de verdad. ¿Cómo lo lograste? "—pregunté, sorprendida, a sabiendas de lo difícil que era conseguir una reservación en esas fechas en el prestigioso lugar.

—Huy, tú déjame en un lugar donde hablen inglés o español, y yo siempre podré —expresó con entusiasmo, guiñándome un ojo.

—Pero, ¿cuánto te está costando todo esto?

—Ja, eso no te lo voy a decir —me contestó, juguetona—. ¿Qué te importa a ti ese dato?

—Pues sí me importa, porque te debes de estar gastando una pastota, por lo que me siento incómoda.

—Por eso no te preocupes, Micha querida. Cerca de mi casa, se encuentra uno de los jardines zoológicos más importantes del mundo, el Loro Parque, que es todo un concepto de parque temático. Llevo ya dos veranos trabajando en su delfinario, así que tenía mis ahorritos para este viaje, no te creas.

—¿Delfines? ¡Qué pasada! —exclamé, percatándome de estar usando expresiones aprendidas de la misma Elena—. ¿Tú los entrenabas?

—Nooo. ¿Cómo crees? Eso me gustaría mucho —me contestó Pupet, riendo con esa alegría que me liquidaba—. Yo estaba en atención a visitantes y en venta de suvenires. Donde me necesitaran. Pero me hice amiga de la entrenadora en jefa y, cuando no había función, muchas veces me dejó nadar con los delfines.

La alusión a la amistad con la entrenadora de delfines, la que imaginé joven, de buen cuerpo, bronceada y vestida permanentemente con bañador de fantasía, no dejó de ponerme celosa.

—¿Y cómo es convivir con delfines? —pregunté, tratando de desechar mis torvos pensamientos.

—Es hermoso. Son los animales más listos y simpáticos que hayas conocido —explicó, con gran entusiasmo.

—Dicen que son más inteligentes que los primates.

—Bueno, sí. Un pelín más y casi serías tan inteligente como ellos. Lo de simpática, eso sí, como que te falta un trecho— dijo, arrugando su naricita en señal de duda.

—¡Óyeme, tarada! —reaccioné, fingiendo enojo y amagándola con una bofetada.

—¡Auch! Con la ventaja de que los delfines no tienen brazos ni manos para tirar cachetes— siguió Elena la broma.

—Ya te visualizo sudando la gota gorda, enfundada en una botarga de terciopelo en forma de delfín, mientras que el termómetro marca 30º C a la sombra, pregonando tu mercancía: "Lleve su delfinito de plástico de recuerdo. Llévelo. Sólo cinco duros" —me burlé, sosteniéndome el estómago por la risa que me provocó el cuadro imaginado.

—Pues para que lo sepas —reviró Elena, muy digna—, mi uniforme consistía en una minifaldita y un topcito muy sexy que me quedaban divinos. Recibí más proposiciones este verano que las que tú recibirás en tu vida.

—No lo dudo, Pupet. Me hubiera encantado verte —le contesté, ya con seriedad—. De verdad que aprecio con toda mi alma que hayas destinado tu personal esfuerzo para agasajarme así.

—Y espera a que veas tu sorpresa —añadió, sonriendo con picardía.

—¿Otra sorpresa? ¿Qué es? —pregunté ingenuamente, a sabiendas que no me diría nada. Sólo me contestó con una sonrisa y un pucherito enigmático.

La cena transcurrió en forma encantadora. El deleite gastronómico, el legendario ambiente, el seductor romanticismo aportado por la belleza del lugar, por la iluminación, por la música, por todos los detalles y, sobre todo, la presencia de Elena, hicieron de esa velada el mejor cumpleaños de mi vida.

Mi nerviosismo inicial impuesto por lo que sabía no podía posponer después de hoy, se desvaneció ante la consciencia de que, definitivamente, no deseaba estar en ninguna parte que no fuera ahí, ni con nadie más que no fuera ella.

Cuando los camareros retiraron los platos, Elena sonrío enigmática y me dijo:

—Aquí está tu sorpresa.

Un atento, y hasta guapo francés, vestido de Chef de Cuisine y ostentando varias condecoraciones, se acercó a nuestra mesa.

—¿Micaela? —dijo, dirigiéndose directamente a mí —. Muy feliz cumpleaños, te deseamos todo el personal que trabaja en las dependencias de cocina de El Ritz París. Soy Michel Roth, Chef Ejecutivo del Hotel.

Por supuesto que me quedé sin habla, por lo que M. Roth prosiguió:

—Sé que te encuentras en nuestro país estudiando gastronomía y quieres llegar a ser una gran chef, por lo que tu amiga, Mlle. Machado, consideró oportuna una visita guiada a nuestras instalaciones. Créanme, pocas personas tienen ese honor, pero si así contribuyo a que una futura colega logre ser una artista en este ramo, será para mí un privilegio el ser su guía. ¿Gustan acompañarme? —preguntó, ofreciéndonos galantemente sus brazos.

La visita duró un poco más de media hora y para mí fue como visitar el cielo. Una vez terminada, el propio Chef Roth nos acompañó directamente hasta nuestra mesa

—Encantado de conocerlas, señoritas —dijo, haciendo una ligera reverencia—. Micaela, aquí siempre tendrás un amigo, así que la ayuda que necesites, académica o gastronómica, no dudes en acudir a mí. Aquí tienes mi tarjeta. En unos momentos les traerán una charola de frutas y quesos y una copa de champagne para cada una, cortesía de la casa. Feliz cumpleaños nuevamente, Micaela. Sigan disfrutando de su permanencia en El Ritz Paris. Buenas noches.

Me quedé totalmente alelada viendo el pedacito de cartón que acababa de recibir. Una vez que recuperé el habla, me vino el efecto contrario: me puse hablar como loquita y sin parar acerca de la experiencia vivida.

—¡Qué felicidad haber vivido esto, Pupet! ¡Es una de las cocinas más importantes del mundo! ¿Te fijaste cómo está distribuidos los espacios y cómo están organizados los procesos? —y empecé a atosigar a Elena con detalles técnicos, ininteligibles seguramente para ella, presa de mi infinito entusiasmo.

Mi querida amiga me miraba con profunda satisfacción, seguramente percibiendo que sus esfuerzos no habían sido en vano y que si había deseado hacerme feliz con un obsequio original, lo había logrado con creces.

—Cuando regrese al restaurante de Père voy a tratar de instrumentar todo lo que he visto aquí —continuaba mi cháchara, cuando, apenada, me di cuenta de lo extremo de mi proceder— Ya me callo, ¿verdad? Discúlpame, Pupet, pero es que estoy demasiado emocionada y en extremo feliz.

—De eso se trataba, Micha, de una celebración espectacular. Estoy tan contenta de haberte dado este momento de felicidad.

—Gracias, Pupet, muchísimas gracias —dije, emocionada—. Eres maravillosa. Cuando dijiste que tú siempre podrás, lo decías en serio, ¿verdad?

—No sabes lo que me costó camelarme a Pepé le Pew para lograr el acceso a Monsieur Roth —platicó Elena, con cara de angustia fingida.

—Eres una verdadera maga al haber logrado todo esto sólo para mí. Te lo agradezco infinito.

—No tienes nada que agradecer, Micha. Es apenas lo que merece una entrada a la mayoría de edad y una pequeña muestra de todo lo que la vida tiene, en el futuro, para ti.

Antes de que pudiera darle el abrazo al que mis impulsos me arrojaban, fuimos interrumpidas por el camarero que trajo la fruta y los quesos para dar paso, inmediatamente, al sommelier en jefe que nos sirvió sendas copas de champagne.

—Salud, Michela —dijo Elena, solemne, una vez que nos quedamos solas—. Brindo, no por tus dieciocho, sino por los muchos que vendrán a partir de hoy en los que, estoy segura, forjarás una vida maravillosa. Ya lo empezaste a hacer, continúa poniendo tus metas altas y consíguelas.

—Yo brindo por haberte encontrado. En ti hallé a la mejor amiga que he tenido, a la persona más hermosa en cuerpo y alma que haya conocido y que ha logrado salvarme de mí misma. Gracias, querida Pupet. ¡Salud!

Después de chocar nuestras copas y de dar un sorbito al espumoso vino, Elena sacó de su cartera un hermoso estuche con los colores y el logotipo de la Casa Cartier, situada a unos cuantos metros en esa misma plaza.

—Te tengo otro regalo —dijo, apenada, deslizando el estuche hacia mí.

—¿Otro regalo? Pupet, no merezco tanto. ¿No crees estar exagerando?

—Bueno, este regalo es para las dos. Ábrelo.

Con cierta certeza acerca del contenido, abrí con lentitud el lujoso empaque. Sorpresivamente, no me encontré con una pulsera como la que había admirado días antes en los aparadores de la joyería, sino que hallé dos de ellas, idénticas, apoyadas sobre su cama de terciopelo. La única diferencia entre ambas era el nombre grabado en la placa destinada para ello: Micha, decía una, Pupet, la otra.

—Micha —dijo Elena, ruborizada—, estas dos semanas he aprendido también a valorar tu amistad como una de las mejores cosas que me han sucedido. Mañana me voy, pero no quiero que esto que hemos construido y que siento precioso en mi corazón, se pierda como recuerdos de un nebuloso verano. Quiero que estas pulseras simbolicen la solidez de nuestra amistad. Una es para ti y la otra es para mí. Elige la que prefieras.

Un choque eléctrico sacudió mi espíritu. Elena, en su perfecto papel de hechicera, me estaba tendiendo una trampa. O eso quería yo creer. Si consideraba su amistad como eso, nada más, elegiría la pulsera Micha, que era la que lógicamente me correspondía. Por el contrario, si mi corazón sentía una inclinación más allá de la amistad, optaría por Pupet, pero ello me delataría. Si mi impresión era correcta, Elena arriesgaba mucho, pero me estaba forzando a mostrar mi juego.

Yo, por supuesto que hacía días que anhelaba este momento, así que, con el alma henchida de gozo, resolví meterme de cabeza en su trampa.

Pupet —le dije, mirándola a sus temerosos ojos y tomándola de la mano— Yo no puedo andar por la vida ostentando el nombre de alguien que no me ama en la misma forma que yo. Así que antes de resolver qué pulsera conservaré, necesito saber si tú me amas, como yo te amo a ti. Debes saber que estoy perdidamente enamorada, de tu mente, de tu risa, de tu bondad, de toda tú. Llevo días sin dormir pensando cómo decírtelo y ahogada en dudas sobre si sería remotamente correspondida y si podría luchar contra Amir por un pedazo de tu corazón. Ya había decidido que no podía dejar que te fueras sin decírtelo. Si te he ofendido, discúlpame. No lo volveré a mencionar y mi amistad seguirá incólume.

Con lágrimas en los ojos, mi Pupet sonrió y con delicadeza, tomó la pulsera marcada con Pupet y la puso con suavidad en mi muñeca izquierda. Luego, procedió a ponerse a Micha en la suya propia.

—Te amo, Micha —me dijo, con la voz casi colapsada por la emoción—. Por supuesto que te amo, con todo mi corazón.

—Vámonos, Ma Petite Poupée —le dije mientras, con suavidad, depositaba fugazmente mis labios sobre los suyos.

El regreso en taxi a la pensión lo hicimos en absoluto silencio. La magnitud de las emociones vividas, adicionada de nuestra total inocencia e ingenuidad, nos dejaron sin palabras. Sólo nuestras manos, entrelazadas, transmitían la intensidad de nuestra excitación, la cual se percibía absolutamente llena de dicha.

Ya en nuestra habitación, Elena se quitó sus elegantes zapatos de tacón, se dirigió a la ventana y entreabrió la cortina para otear hacia el infinito. No pude determinar quién estaba más nerviosa de las dos.

Yo me senté en mi cama con la boca seca, el corazón latiendo a mil pulsaciones por segundo y con temor de arruinar el momento. Quería que fuera perfecto. Contemplé la escultural figura de Pupet enfundada en su vestido nuevo, con su castaño cabello cayéndole hermoso sobre su espalda, pero dejando a la vista sus sensuales hombros desnudos. Su espalda hacía línea de continuidad con sus caderas y nalgas perfectas, dando nacimiento a sus espectaculares piernas, cubiertas hasta medio muslo por su sexy atuendo. ¡Cómo la amaba y cómo la deseaba!

—¡Pupet, amada mía! —le dije, temblando de excitación—, ven y siéntate junto a mí.

Con lentitud, Elena se giró hacia mí y me dedicó la más seductora sonrisa de todas aquellas con las que me había conquistado durante estos días. Caminó sensualmente hacia mi persona y al encontrarse a mi alcance, me tendió su mano mientras su rostro mostraba un indudable gesto de adoración. Se sentó junto a mí, con su cadera haciendo contacto con la mía, sin soltar mi mano y sin retirar la profundidad de su mirada de mi rostro.

—Pupet, hermosa, ¿te digo un secreto? El beso que te di cuando salimos del restaurante, puede decirse que fue mi primer beso.

—¿De veras, Michela? —preguntó Elena con escepticismo.

Con la cabeza, reforcé afirmativamente mi dicho, lo que provocó una gran sonrisa en ella.

—Pues yo opino —continuó mi Pupet con picardía—, que ese no vale. Fue muy fugaz para ser un verdadero beso.

Hecha un manojo de nervios, fui acercando mi rostro al suyo y acercando mis labios hacia los entreabiertos objetos de mi deseo que eran los suyos propios. Sólo se escuchaban nuestras respiraciones y, antes de cerrar mis ojos, pude apreciar cómo mi amada hizo lo propio. Disfrutando de su aliento, por fin apoyé mis sedientos labios sobre la boca más sensual de lo que había yo imaginado en mi vida, estremeciéndose mi cuerpo con el choque provocado por las sensaciones de besar al fin a Ma Petite Poupée.

Al principio, fue solamente un leve toque, pero poco a poco se fue intensificando la presión y el roce, perdiendo mi conciencia el control de mis acciones. Después de un tiempo infinito, me separé de ella para poder sentir su mirada. Cuando abrió los ojos, lo que pude apreciar en sus cristalinas profundidades me lleno de emoción. Mi Muñequita, estaba segura, me amaba tanto como yo a ella.

—¿Habías besado a una chica alguna vez? —pregunté curiosa.

—Nunca, Micha querida —me contestó, viéndome amorosamente, y con apenas un susurro.

Y cambiando de posición para colocarse directamente frente a mí y con la boca entreabierta, se apoderó de mis labios, mientras con una mano acariciaba mi mejilla y con la otra abrazaba mi espalda atrayéndome hacia ella como para no dejarme ir nunca. Nuestras lenguas salieron a conocerse, tímidamente al principio pero, una vez acreditadas, nuestra pasión acumulada las hizo enfrentarse en una erótica danza sin fin.

—Micha, Micha, te amo. Te amo, no sabes cuánto.

—Pupet, mi Pupet.

Con precaución, como si quisiera tantear un terreno desconocido, fui haciendo realidad mis fantasías de las últimas semanas; mis manos temerosas experimentaban, por vez primera, las delicias que proporciona acariciar la piel de otra mujer, conocer su textura y su calidez. Con timidez, acerqué mi mano a uno de sus pechos y lo toqué, apenas, a través del vestido. ¡Qué sensación, Dios mío! Superaba, con creces, todo lo que yo hubiera podido imaginarme acerca de palpar un cuerpo femenino. Su reacción fue instantánea, suspiró intensamente y acercó su cuerpo para incrementar el contacto. Al mismo tiempo, asumo que sus deseos se encontraban en línea con los míos, porque Pupet venció también sus escrúpulos iniciales, e inició sobre mí una palpitante exploración.

El contacto del cuerpo de Elena con el mío me encendía cada vez más. Las sensaciones se acumulaban y yo no podía procesarlas. En todo momento creía que mi nivel de excitación había llegado a su punto máximo, cuando al minuto siguiente sus manos, sus pechos, su lengua, sus labios o su aliento, enviaban una señal más a mi apremiada libido.

La sacudida superlativa vino cuando, con voluntad propia, mi mano libre se apoyó en uno de los muslos de Mi Muñequita, cuyo vestido dejaba al desnudo. Esos muslos se habían convertido en mi obsesión, ya que con la costumbre de Elena de usar vaqueros todos los días, a todas horas, sólo los podía vislumbrar fugazmente cuando veía a Pupet en braguitas, poco antes de dormir. Así que ahora, el contacto me estremeció. Su piel era suave y cálida y trasmitía intensos relámpagos de erotismo que invitaban a seguir acariciando tal maravilla. Evidentemente, lo que yo sentía tenía su eco en Elena, porque su respiración se volvió entrecortada y sus besos eran cada vez más demandantes.

Mi mano adquirió vida propia y recorrió la erótica vía hasta casi la rodilla, para luego regresar, acariciando sólo con yemas y uñas, la cara interna de ambos muslos hacia la tierra prometida. Simultáneamente, tomé con mi otra mano a Elena de su espalda y empecé a besar con locura y fruición sus mejillas, sus orejas, su cuello y su hombro desnudo. El aroma y suavidad de su piel casi me vuelven loca de voluptuosa embriaguez.

Cuando mi mano alcanzó su monte de Venus, cubierto apenas por la delgada tela de sus ya húmedas braguitas, apoyé mi palma en toda la extensión de su sexo, lo que provocó un dulce gemido de mi diosa. Como respuesta, volví a besar su boca e inicié un sensual masaje a través de su prenda íntima con la única intención de darle placer, supliendo mi inexperiencia por mis instintos aguzados por mi propia excitación.

Con delicadeza, pero presa de un ardor incontrolable, retiré la tela de la braga para tener acceso directo al sexo de mi amada. ¡Dios, mío, qué sensación! La calidez y suavidad del húmedo templo me hicieron temblar. Totalmente depilada, la zona genital de Elena era el pináculo soñado. Sin disminuir la intensidad de mis besos, recorrí con dos dedos sus labios mayores y los abrir para dejar al descubierto el capuchón de su rosado botoncito. Cuando lo empecé a masajear, Elena nada más se estremeció, lo cual me impulsó a continuar por lo que me aventuré hacia la entrada de su vagina.

—Mich —me dijo mi amada, interrumpiendo el beso y mirándome a los ojos—, ésta sería mi primera vez.

—¿Eres virgen, Ma Pupet? —pregunté con ternura.

Elena sólo asintió con la cabeza.

—Yo también, amada mía, yo también —le dije, con la sonrisa más delicada que pude lograr—. Prometo no hacerte daño.

—No me tienes que prometer nada, amor mío. Yo soy tuya, totalmente tuya.

Y diciendo esto, se puso de pie ante de mí y, en un acto de total entrega que me dejó extática, se despojó ceremoniosamente de su vestido y de sus bragas, quedando totalmente desnuda permitiéndome admirar, por primera vez, la verdadera magnitud de su belleza.

La tomé de la mano y tiré de ella hacia mí para acostarla en mi cama como una verdadera ofrenda en el altar del amor. Me puse de pie a mi vez y en reciprocidad a su gesto, me quité el vestido, quedando en sujetador y tanga. Me recosté junto a ella y con mirada, ya de lujuria total, la besé con una pasión incontenible. Mi pequeña Muñequita recuperó la pasión instantáneamente y respondió a mi beso con intensidad, abrazándome con sus dos manos. Nuestras pieles, ya en contacto directo, ardían enfebrecidas.

Yo aproveché su desnudez para empezar a besar cada parte de su cuerpo. Su cuello y sus hombros fueron blanco de mis besos. Sus pechos, firmes, hermosos, perfectos, me atrajeron como las flores a las abejas. Con ambas manos los acaricié hasta alcanzar las rosadas aureolas y los erectos pezones a los que me deleité dando delicados pellizcos hasta que fueron alcanzados por mis labios y fueron besados, lamidos y sorbidos. Elena, con los ojos cerrados, sólo movía su carita y se mordía los labios acusando el placer que estaba sintiendo.

Lo que me faltaba de experiencia, lo suplí con imaginación y las expresiones, gemidos y jadeos de mi Pupet me indicaban que lo estaba haciendo bien. Como si de ello dependiera mi vida, me concentré en el placer de Elena. Besé y lamí su vientre y su ombligo sin dejar de acariciar sus senos. Olí su vulva al pasar en mi viaje hacia sus muslos, los que besé y acaricié hasta que Elena los abrió, como involuntariamente, dándome acceso al maravilloso templo de su placer. Yo nunca había visto algo tan bonito como el pubis de mi amada, totalmente depilado, con el sexo rosadito, con los labios carnosos y sensuales, con un aroma que me encendió aún más, si eso era posible.

Con delicadeza abrí los labios mayores y apoyé mi boca en su vulva, deleitándome con las sensaciones. Recorrí con mi lengua toda la zona, desde el perineo hasta el clítoris, arrancando de Elena suspiros de placer.

—Mich, Mich, por favor no pares.

Obediente, continué sin detenerme hasta que, apretándola por las nalgas con mis dos manos, concentré mis orales esfuerzos en el erecto y sensible clítoris.

—Mich, Micha, Michela, amor mío. Sigue por favor. Ahí, sí —gritaba mi amor, hasta que obtuvo, en forma apoteósica, el primer orgasmo de su vida conseguido por la intervención de una persona diferente de sí misma.

Emocionada hasta casi las lágrimas por haber logrado el clímax de Pupet, me incorporé y me recosté a su altura, quedando mi cara a pocos centímetros de la suya. Con los ojos cerrados y sin haber recuperado plenamente la respiración, ella era la viva imagen de la sensualidad. Podía ya haber permanecido así, eternamente contemplándola, pero al sentir mi presencia a su lado, Elena abrió los ojos y me fulminó con una mirada de adoración infinita.

—Mich, te amo, no sabes cuánto te amo —me dijo con su hermosa y profunda voz de mezzo—. ¡Dios mío! Qué placer me has dado. ¿Por qué no lo hicimos antes?

—Tienes razón, amada Pupet —le contesté abochornada, mientras acariciaba su carita—, pero ¿te confieso una cosa? No estaba lista aún. Tuve que pasar un proceso complicado para llegar hasta aquí.

—Cierto. Me sucedió lo mismo. Yo te amé desde el primer momento, cuando que te vi llorando desamparada en la torre Eiffel. Por eso volví.

—Yo me enamoré de ti, irremediablemente, desde ese día, también, amada Pupet.

—Igual, por eso regresé a ti al día siguiente, cancelando la parte restante de mi viaje, con el firme propósito de conquistar tu corazón. Pero, de alguna manera, intuía que no estabas preparada, y decidí esperar. Sin embargo, tuve que obligarme a fijar el día de hoy como plazo límite —me dijo, pícaramente.

—¡Qué casualidad! Yo hice lo mismo, con profundo temor de que no sintieras lo mismo por mí de lo que yo siento por ti.

—Pues qué ciega eres, Michela adorada. Qué corta de vista, realmente. Ven acá.

Y ya no me dejó argumentar, porque estrechó mi espalda con ambos brazos y tiró de mí hacia ella para darme el beso más apasionado de todos los que me había proporcionado. Besamos y acariciamos nuestros febriles cuerpos por varios minutos. En un momento dado, casi al azar, mi Pupet soltó el broche de mi sujetador y se tomó el tiempo para, lentamente, dejar mis pechos al alcance de su dilecta mirada.

—Eres hermosa, Mich, me fascina tu cuerpo, me fascinas toda tú —me dijo mientras apoyaba mi espalda en la cama, invirtiendo nuestras posiciones.

Con intenso ardor, se avocó a la tarea de darme placer, recorriendo con su boca, lengua y manos todas las zonas sensibles de mi cuello y torso. Mis pechos y mis rosados pezones fueron la prioridad de los eróticos esfuerzos de mi Muñequita, que poco a poco fue bajando sus puntos de interés hacia mi hinchado sexo, aún cubierto por mi tanga de encaje, totalmente empapada.

Yo la dejaba hacer. Al principio la veía, fascinada de su belleza, pero después las oleadas de placer que me estaba provocando me obligaron a cerrar los ojos para concentrarme en las múltiples sensaciones táctiles que mi cuerpo ignoraba que existían.

Elena, ulteriormente, se atrevió a meter sus finos dedos entre los elásticos de mi tanga para tirar de ellos y quitarme la última prenda que me quedaba. Yo abrí los ojos y la ayudé, levantando las caderas. Su tierna mirada admiró mi zona púbica y puso la palma de su mano sobre el arreglado triángulo de vello rubio que la cubría.

—Qué preciosidad —dijo, embelesada—. ¡Es como seda dorada! Y su tacto es también como ella, sólo que cálida y húmeda.

Y sin decir más, empezó a oler y a besar todo mi monte de Venus hasta encontrarse directamente con mi ansioso clítoris que ya no hubiera resistido más la tensión de la espera. A partir de ahí, sus labios y su lengua se esmeraron en recorrer toda mi zona genital para acercarme paulatinamente a la frontera con el placer máximo.

—Ahhhh, Pupet de mi vida, por favooor…. —alcancé a murmurar, entre gemidos y suspiros.

Mi amada, obediente, atendió a mis ruegos intensificando sus esfuerzos. La punta de su lengua se convirtió en un incansable estilete, cuyo único objetivo era darme placer. Con mis puños tuve que estrujar las sábanas mientras mordía mi lengua para controlar, con escaso éxito, los gritos que proclamaban mi advenimiento a la culminación del éxtasis.

—Elena, mi Pupet, mi Muñequita, ¿qué me has hecho? —alcancé a preguntar, todavía sofocada por mi reciente orgasmo.

Como única respuesta, se replegó hacia mi cara nuevamente para darme a probar mi propio sabor en la copa de sus hermosos labios. En un momento dado, continuó acariciando mi sexo con toda su mano, recorriendo labios, y clítoris.

Yo, por mero acto reflejo, seguía aferrada a las sábanas y con los ojos cerrados y todavía sin fuerzas, así que me dejé hacer y mi cuerpo empezó a animarse nuevamente. Como respuesta, empecé con mis caderas a seguir su ritmo, buscando intensificar la estimulación.

Poco a poco, acarició mi vulva entera con su dedo índice, hasta que decidió, audazmente, iniciar una discreta penetración en mi lubricada vagina.

—Continua, Pupet, por favor. Se siente delicioso... Ahhhhhggg —suspire, interrumpiendo momentáneamente nuestro eterno beso.

Apoyada en mis tobillos, levanté mis nalgas para darle a mi cuerpo la flexibilidad que necesitaba el ritmo que Pupet imponía. Ella sincronizó sus acciones como si sus pensamientos y sensaciones estuvieran acoplados a los míos, por lo que supo el instante preciso en que debía introducir un segundo dedo.

—Te amo, Mich, con todo mi corazón —dijo, dejando de besarme y viéndome dulcemente con sus ojos de miel.

Sólo sentí una pequeña molestia cuando la Luz de mi Vida aumentó la presión de sus dedos y mi himen fue rasgado. Después, mi Pupet se dedicó a dar masaje simultáneo a mi clítoris con el pulgar mientras friccionaba mis paredes vaginales, incrementando paulatinamente mis sensaciones hasta que no pude más y, arqueando todo mi cuerpo, estallé en un clímax saturado de gozo.

—Pupet, Pupet, Elena, amada mía... —alcancé a decir antes de caer rendida de placer.

—Te quiero, te quiero, te quiero —murmuraba Elena junto a mi oído.

Durante varios minutos permanecimos abrazadas, besándonos intermitentemente, con ternura, disfrutando del contacto de nuestros cuerpos desnudos y tratando de recuperar el ritmo normal de nuestra respiración.

—Te tengo un regalo —dije, rompiendo el abrazo y girándome hacia la mesa de noche. Del cajón saqué una cajita que le entregué emocionada.

—Para ti, Ma Petite Poupée, con todo mi corazón.

Con curiosidad, mi amada Elena abrió su regalo y extrajo el contenido: una cadena con un dije en forma de corazón, grabado con las palabras La Vie en Rose.

—No había querido entregártelo hasta estar segura de que me amaras como yo a ti —le dije, tomándola de las manos—. Ahora que lo sé, te digo que cada vez que oiga La Vie en Rose, tú estarás presente en mi corazón. Será nuestra canción.

Elena no dijo nada, sólo me besó con ternura infinita.

—Permíteme colocarlo en tu cuello, mi amor.

Una vez ubicado, el dije hacía que los hermosos senos de Pupet resaltaran, por contraste, en su deslumbrante desnudez, por lo que, presa de la pasión, me volví a perder en ellos, abalanzándome a besarlos y acariciarlos, lo que volvió a encender el fuego de la lujuria, tanto en ella como en mí.

—Mich —me dijo mi Mezzo, con la voz entrecortada por la excitación—, por favor, hazme tuya ya. Te lo suplico.

Epílogo.
Sábado 22

Con un desvelo monumental por haber pasado la noche en nuestros deliquios amorosos, y con el corazón saturado de tristeza, llegamos a la Gare d' Austerlitz, la estación desde donde partiría el tren que se llevaría a mi amada a Madrid.

Durante la mañana, mientras preparábamos el equipaje de Elena, habíamos llorado como magdalenas ante la inminente separación. Nos besamos, nos abrazamos y nos prometimos amor eterno. Después, el dolor fue tan intenso que ya no hubo espacio para manifestarlo. Cada una conocía la magnitud del sufrimiento de la otra y acordamos respetarlo sin hacer aspavientos.

Por ello, casi en silencio, caminamos por el andén cargando entre las dos su bolsa de viaje. Al llegar al vagón que le correspondía, dejamos las cosas en el piso y nos quedamos viendo fijamente durante varios segundos.

—¿Me vas a escribir, Pupet? —pregunté, tomándola de las manos.

—Por supuesto, amor mío. Y te llamaré cada que me sea posible. Pero prométeme que abrirás tu cuenta de Hotmail y conseguirás acceso a un ordenador con Internet para comunicarnos con frecuencia.

—Así lo haré, sin falta, vida mía.

—Perfecto, amor, yo lo realizaré llegando a la universidad.

—Seguramente en mi universidad también encontraré posibilidades para efectuarlo ahí.

—Adiós, Micha, amada mía. Júrame que verás hacia adelante sin sentirte derrotada.

—Te lo juro, Pupet. Tu amor me dará fuerzas. ¡Tengo tanto que agradecerte! —dije ya con lágrimas en los ojos.

—Sin llorar, Mich. Lo prometimos.

—Pupet, el próximo verano tengo planeado conocer La Lorena, la tierra de mi abuelo. ¿Irías conmigo?

—Pensé que no me lo pedirías, malvada Michela —me contestó sonriendo—. Por supuesto que vendré. Y si puedo alguna otra fecha, vendré también.

—Yo igualmente buscaré todas las oportunidades posibles para visitarte en Cádiz.

—Usaré las vacaciones de primavera para trabajar y ahorrar mis pesetas para poder pasar juntas todo el verano.

—Ya serán euros, Pupet querida. Ya el próximo año compartiremos moneda y no perderás en el cambio.

—Cierto, se me olvida todavía esa circunstancia.

—Y si vas a trabajar en el delfinario, te prohíbo intimar con las entrenadoras guapas y seductoras —le dije, fingiendo rudeza.

—No te preocupes. La única mujer en mis pensamientos serás tú, Michela. Eres lo mejor que me ha sucedido en mi vida, eres la mujer a la que amo —y, después de una larga pausa, añadió—: Adiós, Micaela Curien. Sé feliz.

Y sin decir más, nos abrazamos fuertemente durante varios minutos, me dio un cálido beso en la boca y abordó el tren casi corriendo. El nudo que oprimía mi garganta, me impidió expresar nada.

Me quedé en el andén con los ojos empañados, hasta que el tren se perdió de vista. Después, salí de la Gare d' Austerlitz por el lado del río.

Caminé sin rumbo definido por la ribera del Sena, inhalando el fresco aire de un sábado parisino. Me sentía triste, sí, pero paradójicamente sentía el corazón lleno de optimismo.

Elena me había enseñado que la vida no tenía control sobre mí, yo era quien tenía control sobre mi vida. También, me había mostrado el camino para descubrirme a mí misma. Todavía me faltaba mucho, pero ya sabía hacia dónde ir. Y, lo más importante, me había revelado el camino del amor y, no sólo eso, me amaba. Todo lo cual era suficiente para ver el futuro con nitidez.

Disfrutando esa convicción, seguí el río por un largo trecho, deleitándome con una ciudad que había empezado a querer. Casi involuntariamente, comencé a cantar.

Quand Il Me Prend Dans Ses Bras,
Il Me Parle Tout Bas

Je Vois La Vie En Rose
Il Me Dit Des Mots D'amour
Des Mots De Tous Les Jours,
Et Ca Me Fait Quelques Choses
Il Est Entre Dans Mon Cœur,
Une Part De Bonheur.

"Cuando me toma en sus brazos y me susurra con su voz profunda, veo La Vida en Rosa. Me dice palabras de amor y, con mi corazón en medio, convierte las palabras cotidianas en un pedazo de felicidad."

Fin

Tercera Llamada

Dedicada, con todo cariño,
a mi talentosa amiga Vinka.

I

—Buenas tardes, señorita Grace. Qué gusto tenerla aquí nuevamente.

—Gracias, Don Pedrito. A mí también me da gusto saludarlo y volver a trabajar con usted.

Valentina sonrió ante el saludo del veterano jefe de tramoya del Teatro Nacional. Pocas personas sabían su verdadero nombre. Tanto sus admiradores como sus adversarios, la prensa o los profesionales del medio sólo la conocían por su glamoroso nombre artístico, Grace Wellington, nombre que aquel agente contratado por su mamá consideró adecuado para su lanzamiento en televisión hacía ya más de veinte años.

Observó con tristeza que los tan característicos olores mezclados de polvo antiguo y de barniz nuevo ya no le provocaban la emoción inquietante que siempre le producía su entrada entre bastidores. Y con mayor dolor comprobó que había perdido lo único que generaba en ella verdadera excitación. Desde aquellas navidades en casa de su abuela Yeya, Valentina sólo era verdaderamente feliz actuando o preparando proyectos teatrales. Tampoco, desde aquella época, su frío corazón había sentido el amor. Tenía miles de recortes de prensa y revistas que decían lo contrario. Pero ella sabía que eran mentiras. Su aciago matrimonio con Bernardo fue solamente una campaña de relaciones públicas orquestada por los agentes de ambos para reforzar su popularidad. Afortunadamente, esa época estaba terminada; sin embargo, se percataba con terror que el coraje hacia su marido había actuado como combustible para seguir viviendo y ahora ni eso le quedaba.

Caminó lentamente entre los implementos de carpintería, sogas teloneras y cortinas de aforo hasta ver el escenario principal, tristemente iluminado por las luces cenitales que sustituyen a las grandes luminarias escénicas mientras éstas permanecen apagadas. Los integrantes del elenco ya se encontraban allí, sentados en sillas de tijera formando un círculo en el que cómodamente se veían uno a otro, frente a frente. Cinco hombres y cuatro mujeres. Además, en el centro del círculo y dando la espalda al patio de butacas, imponía su presencia Humberto, el director de la obra, flanqueado por sus dos asistentes.

Valentina, ligeramente deslumbrada, se dirigió al único lugar disponible, consciente de ser la atracción de todas las miradas. No es que eso le molestara; a sus 35 años se sabía en la cumbre de su belleza gracias a sus largas y torneadas piernas, caderas, cintura y senos perfectos y aquel rostro de diosa, merecedor de miles de portadas de revista, además de veinte años de dominar los escenarios internacionales, lo que le daba las tablas necesarias para enfrentar cualquier audiencia, por hostil que ésta fuera. Sin embargo hoy, con su chándal algo gastado y el mínimo maquillaje, no estaba en sus mejores momentos y ella lo sabía.

—Buenos días a todos —dijo Valentina apenada, dirigiéndose al grupo en general.

—Llegas tarde —gruñó Humberto con la cara de pocos amigos que solía poner cuando estaba contrariado.

—Lo sé. Discúlpame —dijo Valentina contrita. Ella sería Grace Wellington, pero nadie, ni ella, se atrevería a enfrentar a Humberto Zárate en el primer día de un proyecto.

—Que no se vuelva a repetir, por favor.

—¡Claro! ¡Como es la estrellita! Que no fuera uno de nosotros porque menudo regaño a gritos nos esperaba.

Valentina volteó a ver a la actriz que, sentada tres lugares a su izquierda, había lanzado el agrio comentario con toda la intención de ser oída. Aunque no la conocía personalmente, sí sabía quién era. La telenovela del momento, "La intriga interior", recién terminada su exitosa temporada, lanzó a Ángela Misrachi a la fama al hacer que su primer protagónico fuera admirado por millones de telespectadores. Valentina, a pesar de también haber surgido ella misma de la televisión, la consideraba un medio bastardo. Para ella un actor o actriz, para considerarse como tal, por lo menos debiera hacer cine mientras tiene la oportunidad de pararse en un escenario teatral, el "non plus ultra" de la actuación. Sin embargo, los pocos capítulos de "La intriga..." que había alcanzado a ver, le mostraron una Misrachi con un talento innato más allá de su peculiar belleza.

Los ojos de ambas se encontraron con abierta hostilidad y ninguna de ellas parecía tener las intenciones de ceder el campo, hasta que la voz de Humberto las sacó de su duelo visual.

—Grace, tengo entendido que no conoces a Ángela. —Y dirigiéndose a esta última—, Ángela, te presento, aunque estoy seguro que no lo necesita, a Grace Wellington. Grace tiene el protagónico de esta puesta de Equus, haciendo el papel de Martina Dysart.

Ángela sólo inclinó la cabeza en señal de saludo, con el gesto todavía adusto.

—Ángela Misrachi —continuó Humberto— hará el papel de Jill Mason, la joven que seduce a Alan en el Segundo Acto. —Valentina trató de imaginarse a Ángela-Jill como adolescente irradiando sexualidad, desnuda en la caballeriza... y, sorprendiéndose a sí misma, le gustó lo que vio—. Además, Ángela será tu suplente como Martina en aquellas funciones que, como quisiste asentar en tu contrato, prefieras dedicar a tu descanso "espiritual" —afirmó el director acentuando burlonamente las comillas con sus manos.

"¿Que, qué?" pensó Valentina alarmada. "¿Una principiante anodina sería su suplente? El papel por el que tanto luchó cuando se publicó la convocatoria, que tantas antesalas, pre-proyectos y labor de convencimiento dedicó para conseguir que lo hiciera ella, una mujer (cuando en la obra original lo hacía Martin, un viejito pasado de moda), en contra de la opinión de muchos, incluyendo el productor, ¿lo haría ahora esta actricita altanera e inmadura? ¡Noooo! ¡Sobre su cadáver!" Con el rostro distorsionado por el coraje se volvió hacia Humberto, quien, conocedor y experimentado, le impuso silencio con la mirada.

Valentina decidió dejar esa discusión para más adelante, en privado con Humberto y con el productor. No convenía hacer escándalos delante de todo el elenco, quienes además no tenían una solución para su problema. Así que tragándose su mal humor escuchó la presentación del reparto completo, algunos famosos y veteranos actores, otros jóvenes y noveles, algunos entrañables amigos suyos, otros ilustres desconocidos.

II

—Grace, por favor entiende —gritó desesperado el productor, poniéndose de pie detrás de su silla ejecutiva de respaldo alto—. Desde que el año pasado Daniel Radcliffe o Harry Potter, como quieras llamarlo, actuó tan exitosamente en la reposición de Equus en Londres, se volvió una necesidad urgente aprovechar la ola y montarla aquí. Pero como en el país no tenemos un popular maguito imberbe que pueda hacer el papel de Alan, tenemos que usar otros recursos de mercadotecnia. Ya la idea de usarte a ti como Martina Dysart en lugar del venerable Martin Dysart como lo escribió originalmente Shaffer, me parece bastante innovadora y puede funcionar. Pero Ángela está en un buen momento. Hará una excelente Jill Mason con su cuerpo tan sexy y con esa carita infantil que posee. Ahora bien, en las funciones a las que no asistas, cómo tú misma lo pediste, necesitamos un buen gancho con capacidad para atraer al público. Ella podrá hacerlo perfectamente. Tiene la necesaria experiencia y el talento para sacar el personaje adelante y, con el vestuario y el maquillaje adecuado, Humberto está seguro que hará una Martina, no excelsa como tú, pero sí muy convincente.

Valentina no tenía argumentos sólidos para responder a eso, y menos cuando ella había provocado la suplencia al poner la cláusula de funciones disminuidas en su contrato. Sin embargo, no dejó de sentir un gran sentimiento de frustración y de impotencia al recordar cómo la tal Ángela había seguido hostigándola durante las sesiones de lectura y análisis de la obra en las que participaron. Desconocía la razón de tal animadversión, pero temía el inicio de las sesiones de trazo y de los ensayos propiamente dichos, ya que estaba segura que tendría que lidiar con las incómodas agresiones de la actriz y defender decorosamente su posición en la obra.

Con lágrimas en los ojos y un nudo en el estómago salió apresuradamente del complejo de oficinas donde estaba el despacho del productor para dirigirse a... ¿a dónde? En realidad no tenía a donde ir. Así que caminó lentamente por la atestada calle hasta que pudo abordar un taxi que la llevara a su lujoso apartamento.

Esa noche lloró. Lloró como hacía casi 20 años que no lo hacía. Con profunda tristeza, sí, pero con un gran sentimiento de catarsis. No fue un llanto desesperado, sino un llanto de aceptación de la pérdida, un canto de réquiem por aquello que había sido hasta ahora y que, ahora lo sabía, se había ido para siempre.

Ya no le quedaba nada. Veinte años luchando por hacer de Grace Wellington la más prestigiosa actriz de su país. Triunfos espectaculares en los grandes escenarios de México, Madrid, Barcelona, Buenos Aires, Santiago, Nueva York, Chicago, Miami. Quince películas ganadoras de festivales, a cual más taquillera y traducidas a más de cinco idiomas. Pero fueron los éxitos de Grace, ella era Valentina. Grace estaba perdiendo significado y lloraba por ello.

¿El amor? ¿Qué es el amor? Los diarios y las revistas decían que era la actriz más amada por las multitudes, pero ¿de qué sirve el amor de las multitudes? Muchos hombres decían haberla amado y ponían el mundo a sus pies, pero ella nunca les correspondió. ¿De qué sirve el amor sin una pasión correspondida? Su matrimonio fue una farsa en donde ella trató de poner lo mejor de sí para que su corazón se orientara hacia Bernardo, aunque fuera un poco, pero él ni siquiera lo intentó. Desde aquellos años en que sentía las cálidas caricias de su abuela, o los agradables momentos pasados con su amiga Kate en el internado en Suiza, Valentina había vivido con el alma totalmente fría y, hoy, lloraba por ello.

El sexo le parecía, más bien, detestable. Recordaba con horror la pérdida de su virginidad con ese novio tan papanatas, desconsiderado y lleno de granos. Después, con otras parejas, la cosa no mejoró mucho aunque llegó a tener algunos orgasmos ocasionales y, sobre todo, algunas noches de cálida interacción humana. También Bernardo hacía esfuerzos, poco exitosos, por satisfacerla, por lo que tenía que masturbarse en silencio cuando su marido caía dormido. Por lo menos, tal práctica la indujo a tener la posibilidad, en la actualidad, de no carecer totalmente de orgasmos en sus solitarias noches. Su vida sexual podía resumirse en muy poca vocación, orgasmos esporádicos, algunas sesiones de autosatisfacción y ninguna noche de verdadera pasión. Lloraba por ello.

Las lágrimas habían mojado la almohada y Valentina sintió la necesidad de incorporarse para buscar en su mesa de noche un pañuelo desechable para limpiarse la nariz. En la penumbra de su habitación, todavía sollozando imperceptiblemente, Valentina se percató de una realidad abrumadora que definiría el rumbo de su vida futura: Toda su vida se basó en su anhelo de escapar de Valentina, de ser otra, de no darle la oportunidad a esa niña, luego mujer, de ser ella misma. Hoy, así lo decidió, inicia el reinado de Valentina, eclipsando paulatinamente, como la luna al sol, a ese astro fulgurante que fue Grace Wellington.

Sabía que su nombre fue elegido por su madre inspirado por un personaje de Alejandro Dumas, sin embargo, a ella siempre le molestó la asociación con la canción de la Revolución Mexicana con el mismo nombre. Tenía que eliminar esa sensación negativa, a fin de cuentas Valentina es un hermoso apelativo. Mientras fue cayendo dormida, no dejó de tararear mentalmente, entre suspiros entrecortados provocados por su pasado llanto, la primera estrofa de la detestada canción:

Valentina, Valentina,
yo te quisiera decir
que una pasión me domina
y es la que me hizo venir...

III

Ángela salió hecha una furia del escenario, gritando obscenidades contra todos, no sin cierta picaresca gracia, pero principalmente los blancos de su cólera fueron Humberto y Valentina.

—A ver Humberto, ¿a quién se le ocurrió la maravillosa idea de trabajar esta semana a partir de la escena veintiocho del segundo acto, justo antes de que yo viaje a Madrid para la promoción de mi telenovela?

—Precisamente por eso se me ocurrió, mi reina —dijo Humberto imitando a Ángela con gracia—. Jill no aparece en el Primer Acto, por lo que podremos trabajar perfectamente en esa parte de la obra mientras tú no estás.

—¡Pues qué chistosito! —contestó Ángela exagerando los gestos faciales y corporales—. Te recuerdo que yo soy la suplente de la princesita aquí presente, y que debo dominar también el trazo de ambos papeles. Ya la Dysart será una loquera bastante chafa cuando la haga ella —dirigiéndose con burla a Valentina—, para que también lo sea cuando la represente yo.

Valentina ya se estaba acostumbrando al sarcástico humor negro de Ángela y hasta le parecía divertido. Si no fuera porque la bella actriz era manifiestamente su enemiga, hecho que la molestaba profundamente, Valentina le reiría abiertamente sus ocurrencias agudas e irreverentes. Gracias a ella, las arduas sesiones de lectura y análisis de la obra fueron llevadas a cabo en un ambiente ligero y relajado. Con excepción de la inexplicable hostilidad hacia la primera actriz, la Misrachi parecía llevarse bien con el resto del elenco quien, de hecho, le tenía bastante buena voluntad gracias a esa dualidad entre lo perverso y su candidez encantadora. Sin embargo, este último insulto no podía dejarlo pasar.

—Mira, niñita insulsa, ¿a quién demonios crees que te estás dirigiendo? —gritó Valentina tratando de contener, con poco éxito, la oleada de furia que brotaba de su interior—. Llevo semanas soportando tus impertinencias porque considero que la madurez debe estar de mi lado. Pero, ahora sí, te pasaste. Esta obra —continuó, señalando el libreto que traía en la mano y acercándose peligrosamente a una asustada Ángela que sólo la veía con la boca abierta—, desde su estreno original en 1973, ha presentado múltiples complicaciones escénicas. El equipo de iluminación se va a pasar la noche trabajando para que la "nenita" se vea hermosa en su escena "cumbre". Así que me haces el favor de llevar a la "susodicha nenita" a estudiar su papel de Jill y a dormir sus ocho horitas para que mañana se presente a su llamado a las diez en punto y se comporte como la profesional que se supone que es. ¿Te quedó claro? —preguntó Valentina a una estupefacta y muda Ángela que la veía con los ojos desorbitados—. ¿Te quedó claro? —repitió la pregunta más amenazadoramente.

—Sí, Grace.

—Pues moviendo el culo, que ya te estás tardando —dijo Valentina mientras Ángela salía a toda velocidad por la puerta de camerinos. Valentina y Humberto se voltearon a ver y estallaron en sendas carcajadas.

IV

La historia de Equus se centra en las acciones de Alan
Strang, un joven de 17 años de edad, mozo de establo, que
está internado en un hospital psiquiátrico después de que
una noche cegara a seis caballos con un gancho de metal.
Nadie sabe porqué lo hizo, pero es el trabajo de la Doctora
Martina Dysart, psiquiatra en el hospital, averiguarlo. Durante sus sesiones con Alan, Dysart se encuentra a menudo cuestionada, no sólo por su paciente, sino por su propia
mente, y debe luchar con el crecimiento de sus propias dudas acerca de sus valores éticos.

Una chica, Jill Mason, es la única distracción de la obsesión
sexual de Alan por los caballos. Una noche ella sugiere ir a
ver juntos una película porno. Después de este encuentro,
Jill convence a Alan de ir a los establos a tener sexo. Él no
puede realizar el acto a la vista de los caballos y no logra ir
más allá de yacer desnudos, besándose. A lo largo de la
historia de Alan, Dysart se examina a sí misma de forma
aguda. La psiquiatra se queda con la duda de si su labor es
ayudar a Alan, incorporándolo al mundo "normal" o es
más ético fomentar su pasión. Dysart finaliza más ator-
mentada que nunca por su propia mente.

Durante la obra, Dysart está siempre presente, analizando
a Alan, mientras el público ve los recuerdos y sentimientos
de éste en su proceso de recuperación.

ALAN [a DYSART]:
Fuimos hasta el campo.
DYSART: Tú te sentiste libre, de alguna manera. ¿No es
así? ¿Libre de hacer lo que quieras?

ALAN [a DYSART, mirando a JILL]: ¡Sí!

DYSART: ¿Qué estaba haciendo ella?

ALAN [a DYSART]: Me tomaba de la mano.

DYSART: ¿Eso era bueno?

ALAN [a DYSART]: ¡Oh, sí!

DYSART: Recuerda con claridad tus pensamientos. Como si estuvieran ocurriendo en este preciso momento. ¿Qué hay en tu cabeza?

ALAN [a DYSART]: Sus ojos. Sus ojos son únicos. Me obligo a mantener mi mirada en ellos, porque... porque realmente quiero...

DYSART: Mirar hacia sus pechos...

Cuando Valentina pronunció esta frase desde su lugar privilegiado en la parte derecha frontal del escenario, no pudo evitar, involuntariamente (¿involuntariamente?), dirigir su mirada hacia los hermosos senos de Jill-Ángela, la cual, de pie y casi inmóvil frente a Alan al centro del espacio escénico, ignoraba la atracción erótica que le estaba provocando a la primera actriz.

La iluminación trazaba una semi-penumbra, fría. Sólo la lámpara colocada sobre Jill y Alan daba calidez a la escena. Jill, por mucho, sobresalía en el escenario, dejando a Alan muy empequeñecido. Valentina sabía que eso estaba mal. A fin de cuentas Alan era el personaje protagónico. Sin embargo desechó tales pensamientos y se concentró fugazmente en admirar el torso de la Misrachi cubierto sólo por el suéter de lana tejida (ella sabía que, para esta escena, no llevaba sostén, lo que le daba más morbo a la situación) y enmarcado por su cabello castaño, largo hasta media espalda, ondulado y sedoso. Bajó la mirada hasta las proporcionadas caderas detalladas por los ajustados vaqueros y no pudo seguir admirando la plástica escena porque fue interrumpida por Alan.

ALAN [a DYSART]: Sí.

DYSART: Como en la película pornográfica.

ALAN [a DYSART]: Sí... Entonces ella rasca mi mano.

JILL: Eres muy simpático. Lo sabes ¿verdad?

ALAN [a DYSART]: Acaricia con sus uñas el dorso de mi mano. Su cara... Sus ojos...

DYSART: ¿La deseas mucho?

ALAN [a DYSART]: Sí.

JILL: Amo tus ojos.

[Lo besa]

[Susurrando] Vámonos de aquí.

ALAN: ¿A dónde?

JILL: Conozco un lugar. Está muy cerca de aquí

ALAN: ¿En dónde?

JILL: ¡Es una sorpresa!... ¡Vamos!

[Ella se lanza como una flecha. Cruza el escenario hasta el sector superior izquierdo]

¡Vamos, hombre! ¡Apúrate!

ALAN [a DYSART]: Ella corre. La sigo. Y entonces... ¡Entonces! [Se paraliza]

DYSART: ¿Qué?

ALAN [a DYSART]: Vi a lo que se refería.

DYSART: ¿Qué? ¿Dónde estaban? ¿A dónde te había llevado?

ALAN [retrocediendo].¡No!

JILL: ¿Dónde más, Alan? Los establos son perfectos.

ALAN: ¡No!

[Él deja de dirigir su mirada hacia ella y voltea en sentido opuesto]

JILL: ¿O prefieres irte a casa y enfrentar a tu padre?

ALAN: ¡No!

JILL: Entonces, ven acá.

ALAN: ¿Por qué no en tu casa?

JILL: No puedo. A Mamá no le gusta que traiga chicos. Ya te lo he dicho. Además, el establo es mucho mejor.

ALAN: ¡No!

JILL: Con toda esta paja, es muy acogedor.

ALAN: ¡No!

JILL: ¿Por qué no?

ALAN: Por ellos.

Valentina [pensando]: "Vaya que este tipo es un imbécil. Decirle que no a esta ricura de Jill-Ángela".

Se sobresaltó, nuevamente y con mayor intensidad, al darse cuenta de lo que había pensado. ¿Jill? Una extraña desazón, olvidada ya hacía años, corrió desde su estómago a todo su cuerpo haciéndola perder la concentración y causando que su cerebro se desligara de su rol de Dysart. Era obvio que el maravilloso trabajo de iluminación preparado para la escena y el erotismo de la misma estaban influyendo en ella, pero ¿así?

Valentina [sin estar segura de estar pensando y casi sin respirar]: "Vamos, Val. Concéntrate. Debes darle credibilidad a Dysart. Concéntrate, por favor".

JILL: El caballerango ya debe de estar dormido. ¿Cuál es el problema? Qué, ¿no me deseas?

ALAN [afligido]: Sí.

JILL: ¿Entonces?

ALAN [desesperado]: Es por ellos... es por ellos

JILL: ¿Por quiénes?

ALAN: [bajo]: Por los caballos

JILL: ¿Por los caballos? Tú realmente estás chiflado ¿verdad? ¿Qué quieres decir con eso? [Él empieza a temblar] Oh, te estás congelando. Métete bajo la paja. Estarás más caliente.

166

ALAN [resistiéndose]: ¡No!

JILL: ¿Qué demonios te pasa?

[Silencio. Él rehúye su mirada]

Mire, si la vista de los caballos lo ofende, Mi Señor, podemos cerrar la puerta. Así no podrá verlos. ¿Está usted de acuerdo?

DYSART: ¿ ?

DYSART: ¿ ?

—¡Grace! —gritó Humberto— ¿Qué demonios te pasa a ti? —dijo parafraseando el parlamento de Jill—. Entiendo que es el primer ensayo del trazo escénico y todos estamos tensos, pero no tenemos tiempo para desperdiciarlo. ¡Concéntrate!

—Perdónenme —dijo Valentina apenada y extrañada de su propio comportamiento—. Dame pie, Ángela, por favor.

JILL: Mire, si la vista de los caballos lo ofende, Mi Señor, podemos cerrar la puerta. Así no podrá verlos. ¿Está usted de acuerdo?

DYSART: ¿Qué puerta es ésa? ¿La del establo?

ALAN [a DYSART]: Sí.

DYSART: ¿Y qué haces tú? ¿Entras?

ALAN [a DYSART]: Sí.

[Una luz intensa cae sobre el escenario.

ALAN entra furtivamente a escena desde la parte trasera y JILL lo sigue.

DYSART: ¿Dentro del Templo? ¿En el sagrado Santuario?

ALAN [a DYSART desesperado]: ¿Qué puedo hacer? ¡No puedo decirlo! No puedo decírselo a ella!... [a JILL] Cierra bien.

JILL: Ok... Estás loco.

ALAN: Cierra con llave.

JILL: ¿Con llave?

ALAN: Sí.

JILL: Solamente es una puerta vieja. ¿Qué es lo que pasa contigo? Los animales están en sus caballerizas. No se pueden salir... ¿Seguro que estás bien?

ALAN: ¿Por qué preguntas?

JILL: Te noto muy raro.

ALAN: ¡Cierra con llave!

JILL: ¡Ssssh! ¿Quieres despertar a Dalton?... Quédate aquí, idiota.

[Ella hace la mímica de cerrar la pesada puerta en la parte trasera del escenario.]

DYSART: Describe el establo, por favor.

ALAN [a DYSART, caminando alrededor del establo]: Un gran salón. Paja por todas partes. Algunas herramientas.

DYSART: Continúa.

ALAN [a DYSART]: Al final, la gran puerta. Detrás de ella...

DYSART: Caballos

ALAN [a DYSART]: Sí

DYSART: ¿Cuántos?

ALAN [a DYSART]: Seis.

DYSART: Jill cerró la puerta, así que no puedes verlos.

ALAN [a DYSART]: Sí

DYSART: ¿Y entonces? ¿Qué pasa ahora? A ver, Alan. Muéstramelo.

JILL: Ve, todo está cerrado. Sólo estamos nosotros. Sentémonos, ven.

[Se sientan juntos en la misma banca, a la izquierda.]

Hola.

ALAN [rápidamente]: Hola.

[Ella lo besa, suavemente. Él le responde. Repentinamente, un apenas perceptible ruido de cascos, fuera de escena, lo hace saltar.]

JILL. ¿Qué fue eso?

[El voltea la cabeza, escuchando]

Relájate. No hay nada ahí. Ven.

[Ella toca su mano. Él dirige su atención a ella, nuevamente]

Eres muy dulce. Me encanta eso de ti...

ALAN: Tú también lo eres, digo...

[Él la besa espontáneamente. Se escuchan los cascos nuevamente, más intensos.

Él rompe abruptamente el contacto con ella y se dirige hacia la esquina posterior del escenario.]

JILL [levantándose]: ¿Qué sucede?

ALAN: Nada.

[Ella se desplaza hacia él, quien se mueve rehuyéndola. Él está claramente afligido. Ella lo contempla por un momento.]

JILL [dulce y gentil]: Quítate el suéter.

ALAN: ¿Qué?

JILL: Yo lo haré si tú lo haces.

[Él la mira fijamente. Una pausa.]

Valentina, a estas alturas había perdido totalmente la concentración en su papel de Dysart y ahora sólo era una mujer ansiosa de ver lo que sucedía frente a ella, a poquísimos metros de distancia. La expectativa de lo que sabía iba a ocurrir la tenía con el corazón acelerado, la boca seca, las manos sudadas y el sexo... ¿húmedo? Se obligó a cerrar los ojos para intentar recuperar la concentración. Reconocía que la escena en sí estaba cargada de erotismo y el trabajo de Humberto le había otorgado una gran plasticidad. Pero, ¿afectarla así a ella? No pudo mantener los ojos cerrados. La belleza de Jill... o de Ángela... o de quien carajos fuera, la tenía hipnotizada.

[Ella se saca el suéter delicadamente sobre su cabeza; él observa atentamente.]

"¡Dios mío!", pensó Valentina, mientras trataba de tragar saliva para atenuar, en lo posible, la resequedad de su boca. "Debo de estar soñando".

Ángela, con el torso descubierto, representaba lo máximo en el ideal de belleza femenina. Sus facciones casi infantiles lideradas por sus grandes ojos marrones enmarcaban su nariz recta y coquetamente ancha que terminaba en una boca grande, muy sensual, de dientes perfectos. Su cuello, largo y hermoso perdía continuidad con sus hombros, cuya piel blanca, con tendencia hacia el dorado, relucía con los efectos de la iluminación, misma que resaltaba, mediante luces y sombras, su mejor atributo: esos hermosos pechos, de tamaño perfecto, firmes, con las puntas hacia arriba, coronadas por aureolas medianas de color café con leche claro. Su abdomen, marcado por horas de gimnasio, enmarcaba un ombliguito magistral, al mismo tiempo que sugería las caderas más fantásticas de que Valentina tuviera conciencia.

[Entonces él también se desabrocha el suéter. Cada uno se quita sus zapatos y sus vaqueros. Se ven uno al otro, alejados en diagonal del centro del escenario, en donde la luz cambia de color paulatinamente]

Valentina observó, excitadísima, las duras y tersas nalgas convertirse en unos muslos y largas piernas. Ángela, pudorosamente, trataba de ocultar su sexo con una mano, aunque se alcanzaba a percibir una mata de vello púbico pulcramente arreglado.

Al observar a la actriz sosteniendo todo el peso sobre la pierna izquierda mientras mantenía su pie derecho un poco atrasado y ligeramente levantado, Valentina decidió que su estado de frenesí debía ser similar al de Botticelli cuando concibió "El nacimiento de Venus". Y concluyó, con estupefacción, que ella estaba presenciando, de múltiples formas, reales y simbólicas, el nacimiento de "su" Venus.

> *ALAN: Tú eres... Tú eres muy...*
> *JILL: Tienes razón... Ven acá.*
> *[Él va hacia ella. Ella viene hacia él. Se encuentran a la mitad del camino y se abrazan.]*
> *ALAN [a DYSART]: Ella puso su boca sobre la mía. ¡Fue adorable! ¡Oh sí, fue maravilloso!*
> *[Ellos se ríen tontamente. Él la recuesta dulcemente en el piso y se tiende ansiosamente sobre ella]*

"¡Cómo desearía ser Alan!", pensó Valentina.

La revelación inherente a este último pensamiento fue demasiado para ella. Su estómago reaccionó violentamente y tuvo que salir corriendo del escenario, dejando a todos pasmados.

No alcanzó a llegar al sanitario de su camerino y vomitó la ácida bilis, acumulada durante la última media hora, en el pasillo de servicio.

—Señorita Grace, ¿qué le pasa? ¿En qué la ayudo?

—Nada, Don Pedrito, nada. Un mal pasajero. Muchas gracias por su preocupación —dijo Valentina con la frente apoyada en su antebrazo y éste, a su vez, en la pared. Un sudor frío le cubría el rostro y la columna vertebral y el mal sabor permanecía en su boca—. Sólo hágame llegar unas Perrier heladas a mi camerino, por favor.

—Con gusto, señorita, con mucho gusto.

—Gracias, Don Pedrito. Y perdone usted el desastre que he causado aquí —expresó la actriz mientras caminaba lentamente hacia su camerino, con el corazón helado y el desasosiego en su espíritu.

V

Las siguientes semanas fueron de intenso trabajo. La preparación del Primer Acto requirió de muchas horas de esfuerzo y Humberto se portó como un esclavista de la peor ralea. El plan de trabajo exigía la terminación del trazo hasta la escena 28 para que, al regreso de Ángela, pudieran iniciarse los ensayos generales y las pruebas definitivas de vestuario.

A pesar de ello, Valentina no pudo sustraerse de la zozobra causada por la lucha entre lo que siente el corazón y lo que dictamina el cerebro. El incidente en el primer día de trazo le había dejado perfectamente claro varias cosas. La primera de ellas, que su libido no estaba muerta, como ella creía. En segundo, la confirmación de algo que sabía desde siempre en su más interno fuero: a ella le gustaban más las mujeres que los hombres. Admitir ambas realidades estaba muy en consonancia con la nueva Valentina que ella misma estaba creando. Podía vivir con ello.

Sin embargo, su desazón no provenía de allí. Cada vez que pensaba en Ángela se le hacía un nudo en el estómago y le sudaban las manos. De alguna manera, extrañaba sus bromas pesadas y sus comentarios hirientes. Su cerebro le decía que era un estado pasajero provocado por la excitación y posterior fiebre que sufrió aquel memorable día. A fin de cuentas Ángela era su enemiga, no tenía lugar en la vida hecha y completa de Valentina y que, en realidad, lo último que necesitaba era andar pensando en escuinclas babosas, groseras, soberbias e insufribles.

Eso le decía su brillante cerebrito. Todas las demás partes de su anatomía, incluyendo su sexo, le decían otra cosa. Aborrecía el hecho de dormirse pensando en Jill abrazada por Alan cuando debería ser ella quien le hiciera el amor. Odiaba la necesidad de autosatisfacerse en solitario con la imagen de Venus en el momento de su nacimiento.

Esa dualidad se volvía intolerable cada día más. Cualquier detalle le recordaba a Ángela. Una broma, una alusión del libreto, una escena particularmente difícil que la hacía pensar en la famosa suplencia, suplencia que, ahora sabía, era el más grande error de su carrera. En cada ocasión, la sensación de "mariposas" en su estómago hacían funcionar a su educado raciocinio que le indicaba que ella odiaba a Ángela y Ángela a ella, que todo era una obsesión erótica pasajera, que ella no podía permitir que le afectara la vida de la Misrachi y que, en resumen, ésta no le importaba en lo más mínimo.

La estocada final llegó con la correspondencia. Pulcramente ensobretado recibió, junto con su numeroso correo, el ejemplar semanal de la edición española de Variety. Su artículo de portada estaba dedicado a la presentación en España de "La intriga interior". La imagen a color de una sonriente y despampanante Ángela Misrachi recorriendo la alfombra roja, fue demasiado para Valentina y un profundo desconsuelo la invadió al darse cuenta que Ángela tenía una vida y que en esa vida no estaba ella.

Un intenso dolor le sobrevino al asumir que estaba rotunda e irremediablemente enamorada de Ángela. Un témpano acogió su corazón cuando se dio cuenta que su amor era totalmente imposible e irrealizable. Suponiendo que la orientación sexual de Ángela le fuera favorable, cosa muy poco probable hasta donde ella sabía, Valentina no podía vislumbrar qué podrían ofrecerse la una a la otra para consolidar una relación con futuro.

VI

El regreso de Misrachi se produjo dos días después. Valentina recibió aterrada, por parte de Humberto, la instrucción de dedicar horas extraordinarias para poner al día a su suplente de todo el trabajo atrasado. El pensar en trabajar en solitario con Ángela, le indujo un intenso pánico debido al riesgo de delatar su amor involuntariamente. Eso sin contar que no soportaría la tristeza si la actitud de su rival le seguía siendo hostil.

Al terminar el ensayo matutino, Valentina descansaba en su camerino, sentada en su sillón reclinable con los ojos cerrados, cuando oyó la llamada a la puerta.

—Adelante.

—Gracias, Grace. Disculpa la interrupción.

Valentina perdió el ritmo cardiaco al percatarse de la presencia de Ángela. Lentamente incorporó el respaldo del sillón.

—¿En qué puedo ayudarte?

—Es en relación a la petición de Humberto referente a la asistencia para actualizarme en tu papel... —Ángela titubea levemente—. Perdón, actualizarme en la suplencia.

—¿Y?

—Bueno, quería que nos pusiéramos de acuerdo para hacerlo lo más fácil posible.

—Toma asiento, por favor —dijo Valentina, ofreciéndole la silla colocada ante el gran espejo de maquillaje—. ¿Y qué propones?

—Mira, Grace. Yo sé que no he sido una persona fácil contigo. Pero, antes que otra cosa, te ofrezco una tregua. Falta muy poco para el estreno y la obra debe tener prioridad. ¿Estarías de acuerdo?

"¡Tarada!", pensó Valentina con ternura. "Si la que me ha agredido siempre es ella ¡Y ahora quiere una tregua! Vaya".

—Estoy de acuerdo —dijo, viendo a Ángela a la cara—. ¿Qué más?

—También me gustaría que trabajáramos fuera de aquí. El teatro vacío me intimida. Debe haber fantasmas ahí, jajaja.

"Y ¿qué quieres? ¿Que trabajemos en un parque?", pensó para sí misma. "Ya, Valentina. Ya deja el sarcasmo. La tregua ha sido concertada".

—¿Qué te parece si nos reunimos en mi departamento? Está cerca —propone Valentina, quien inmediatamente se percató del error cometido. ¿Qué va a hacer con su amor imposible metido en su casa?

—Me parece perfecto. ¿A las cinco está bien?

—Sí. Ahí te espero.

—Ciao —dice Ángela mientras sale alegremente, dejando a Valentina totalmente pasmada.

Poco antes de las cinco de esa tarde, Valentina se encontraba en su departamento hecha un manojo de nervios. ¿Cómo se iba a vestir? ¿Formal? ¿Casual? Al final decidió recibir a Ángela arreglada muy informalmente, a fin de cuentas estaban en su casa y no quería proyectar una imagen seductora. Así que se vistió con una playera ligera, de tirantes de color blanco, sin sostén y un pantaloncillo corto, de color azul. Sin medias y calzando sandalias planas. De cualquier forma, se veía espectacular.

Ángela llegó puntualmente.

—Hola, Grace. Buenas tardes.

—Hola, Ángela. Pasa. Estás en tu casa. ¿Gustas algo de beber?

—Si tienes una Diet Coke, eso estará bien.

Ángela apreció el esmerado buen gusto de la decoración del apartamento mientras se quitaba la gabardina y la ponía descuidadamente sobre un sillón de la sala. Lucía un vestido estrecho, color rosado, con escote cuadrado y que le alcanzaba a cubrir hasta la mitad de los muslos. El tejido de la tela hacía que sus formas resaltaran con nitidez. A Valentina le provocó taquicardia.

La anfitriona trajo las bebidas y un platón con galletitas e invitó a Ángela a tomar asiento.

—He pensado que podríamos trabajar aquí, tenemos suficiente espacio. Y Dysart no se mueve mucho, realmente. Debemos hacer énfasis en el trazo del Primer Acto porque es el que menos conoces. A fin de cuentas, del Segundo estás mucho más al tanto gracias a tu punto de vista desde Jill y...

—Grace —interrumpió Ángela—, ¿podría pedirte un gran favor?

—Por supuesto, Ángela —contestó Valentina vacilante—, lo que tú desees.

—Me da mucha pena pedírtelo porque no lo merezco, pero también sé que tú eres la mejor y que no me dejarás sola.

—Claro que no —contestó Valentina entre intrigada y divertida—, pero habla de una buena vez.

—Siento que no soy una Jill totalmente convincente. ¿Tú habrás notado algo que me pueda ayudar a mejorar? —preguntó Ángela, realmente angustiada—. Siento estar haciendo una Jill de yeso, no la llave que abre el gran conflicto de Alan.

—Mmmm. Algo hay de eso. Y sé cuál es el problema. Estás siendo una Jill de verdad cuando en realidad Jill sólo existe en la mente de Alan. Alan le está describiendo a Dysart sus recuerdos y las motivaciones que de ellos extrajo. Jill es una quimera. Actúa como tal. No trates de ser una adolescente fogosa. Conviértete en una remembranza, terriblemente erótica sí, pero remembranza.

—Entiendo el punto, creo que capto lo que quieres decir —dijo Ángela, reflexiva—. Grace, ¿podemos hacerlo? Quiero decir, ¿podemos ensayarlo ahora? Tú me ayudas y me corriges. Haces de Alan, ¿te parece?

Valentina sabía que debía parar en ese preciso momento, antes de perder totalmente el control de la situación.

—¿Tienes tu libreto? Es la escena 33. ¿Quieres que me quite la ropa realmente? No vengo preparada para ello, pero algo podemos improvisar.

A Valentina se le fue el resuello. No podía ansiar nada más que tener a Ángela desnuda en su sala, pero su autocontrol logró que su ética triunfara sobre su deseo.

—No es necesario, Ángela. Es la intención y el ritmo lo que te dará la pauta exacta. Es más, vamos a correrla una vez, haciendo yo el papel de Jill. Observa, sobre todo, las pausas.

—Me parece bien. Empecemos. Vamos desde la página 101.

—Ok, Ángela. Tú estás allí, yo acá. Ésta es la banca. Yo comienzo.

—Muy bien.

—*Ve, todo está cerrado. Sólo estamos nosotros. Sentémonos, ven* —ambas se sientan juntas. La tensión entre ellas se incrementa al grado que Valentina no cree poder terminar con bien el ejercicio. Pero ahora, ni muerta lo dejaría—. *Hola.*

—*Hola.*

Valentina la besa suavemente y Ángela le responde. Un choque eléctrico golpea los sentidos de Valentina que sabe que su compañera debe reaccionar al ruido y separarse rápidamente, sin embargo, Ángela prolonga el beso un poco más de lo necesario.

—*¿Qué fue eso?* —pregunta Valentina tratando de concentrarse en los parlamentos —. *Relájate, no hay nada ahí, ven* —dirige su mano a la de Ángela y la toca con amor febril. Imposible que Ángela no lo note—. *Eres muy dulce. Me encanta eso de ti...*

—*Tú también lo eres, digo...* —Ángela, al terminar de decir esto, se acerca a Valentina y la besa, pero no con la espontaneidad y urgencia que tiene marcado Alan en el libreto, sino con un beso delicado, sensual, abarcando con ambos labios sólo el labio inferior de su compañera.

Semanas de tensión sexual, hacían estragos en Valentina. Ya no pudo pensar, su cuerpo empezó a temblar ante la necesidad imperiosa de hacer el amor con Ángela. No pudo más que cerrar los ojos y dirigir su mano a la cara de su invitada para mimarla. Sus dudas acerca de si sus anhelos eran correspondidos comenzaron a disiparse cuando su mano acariciante se encontró con una mano cómplice que, entrelazada con la suya, empezó a acariciar ambos rostros. El beso se fue intensificando al salir a relucir ambas lenguas, buscándose una a la otra con avidez. Valentina dejó de intentar mantener el control, su corazón estaba dispuesto a la entrega total y decidió, solamente, vivir el momento.

—Grace...

—Dime Val...

—¿Cómo?

—Sí, mi verdadero nombre es Valentina. Val, en diminutivo.

—Angie —Ángela sonrió con picardía—, a mí me puedes decir Angie.

Mientras se besaban, cada vez con mayor pasión, Ángela acarició el brazo de su compañera hasta alcanzar el hombro y, de ahí, apresar su espalda para atraerla a un abrazo apasionado. Valentina pudo sentir los pechos de la actriz haciendo contacto con los suyos y logrando que su excitación llegara a cotas nunca antes alcanzadas.

Eso hizo que Valentina hiciera conciencia de la situación y rompiera abruptamente el contacto.

—¿Qué pasa, Val? Esa parte me tocaba a mí. Pero creí que... ya no... estábamos actuando.

—Es que, Angie —dijo Valentina apenada, mirando hacia abajo—, ésta sería mi...

—Shhh. Lo sé, tontita. No te preocupes. Déjame todo a mí —expresó Angie comprendiendo lo que Val le trataba de decir. Le alzó el mentón delicadamente para mirarla directamente a los ojos y la besó con calidez.

Angie inició sensuales caricias a la espalda de su compañera comenzando por los hombros que dejaba desnudos la blanca playera, hasta las generosas caderas de Val. Al mismo tiempo subió sus muslos sobre los de su compañera, haciendo más íntimo el contacto.

Se besaron de todas las formas posibles hasta que, pasadas un millón de eternidades, Val se hincó sobre el sillón para quedar situada frente a Angie y así poder tomar el rostro de su amada entre sus manos y extender sus caricias por su cuello hasta alcanzar sus incitantes senos cubiertos por el delgado tejido de su vestido.

Angie aprovechó la posición para incorporarse y delicadamente despojar a Val de su playera, primero un tirante, luego el otro para bajar la prenda hasta la cintura, dejando a la vista el par de senos más hermosos que recordara.

—Eres preciosa —alcanzó a murmurar Angie, deslumbrada por la maravillosa visión que tenía en frente, amasando delicadamente con sus manos los pechos de Val, antes de abalanzarse a besar y lamer alternativamente los rosados pezones.

—Angie —murmuró Val—, quiero que me hagas el amor.

—No sabes cuánto he deseado oírte decir estas palabras —dijo Angie con voz enronquecida por la pasión—. Sólo guíanos a tu dormitorio.

Al oír esto, el corazón de Valentina se aceleró, no podía creer que finalmente su tan anhelada fantasía se hiciera realidad. Se incorporó a la vez que con sus manos tiraba de la cintura de Angie para atraerla hacia ella y así poder besarla a su antojo. La necesidad de tenerla cerca era cada vez más fuerte, sentir el suave contacto de las manos de Angie sobre su torso desnudo, le parecía la más excitante experiencia que hubiese vivido alguna vez.

Sin dejar de besarla apasionadamente, tiraba suavemente de ella en dirección a su recámara, sacándose a como diera lugar las prendas que tan estorbosas e innecesarias le parecían. El calzado de cada una fue abandonado quién sabe dónde. Avanzaban sin dejar de acariciar cada parte que descubrían la una de la otra, iban dejando a su paso un rastro de ropa que denotaba su urgencia por llegar a su destino.

Val despojó a Angie de su vestido casi desesperadamente para disfrutar del maravilloso contacto que sus senos producían al rozar suavemente contra sus propios pechos logrando endurecer sus pezones de forma casi instantánea, mientras su boca no dejaba de disfrutar de la tersa piel de Angie impregnada por su dulce aroma.

VII

Al llegar al dormitorio, las única prendas que aún permanecían intactas en sus cuerpos eran los minúsculos tangas que resaltabas sus caderas de forma magistral. Se separaron un breve momento para poder apreciarse la una a la otra, pero la urgencia de ambas era demasiada. Ángela acarició el cuello de Val para luego halarlo hacia ella y volver a besarla, anhelosa. Con suavidad fue acariciando la espalda y la cintura de Valentina y, con una delicadeza inaudita, fue recostándola sobre la cama. Ahí, de costado, una frente a la otra, continuaron conociendo su aliento, su sabor, su tacto.

La pasión aumentaba tanto que amenazaba con desbordarse. En un momento, Angie giró para sentarse directamente encima de

Valentina con sus muslos abrazando los de ella y con miles de posibilidades al alcance de sus manos. Acarició su cuello, sus hombros y los hermosos pechos de Val. El tacto de los erectos pezones encendió aún más a Angie, quien repentinamente recordó que no había besado lo suficiente a su compañera, por lo que inclinó su cuerpo para volver a sentir sus labios, ojos, orejas, mentón, cuello y el nacimiento de sus pechos. En este proceso, su lengua no permanecía inactiva, por lo que cada beso se volvía más húmedo que el anterior.

Las manos de Val tampoco se estuvieron quietas, recorrieron extasiadas el cabello y la espalda de su compañera, bajando por sus caderas para acariciar las nalgas que el breve tanga que portaba Angie dejaban desnudas. En un momento dado giraron para cambiar de posición, Angie abajo, Val arriba, quedando ésta última de rodillas aprisionando con sus muslos los de la bella actriz.

—Oh, Val, Val... Eres un sueño hecho realidad.

El placer que Valentina sentía era indescriptible, por lo que se abandonó a él con los ojos cerrados y con la respiración entrecortada, aunque, ocasionalmente, acariciaba los brazos o el rostro de Angie o simplemente la besaba, pronunciando su nombre en voz muy baja.

—Angie, Angie, ay, Angie.

Angie la recostó nuevamente sobre la cama, concentrando sus besos en su torso, desde el canal entre sus pechos hasta su lindo ombligo, mientras que sus manos no descansaban moviéndose por todos los lugares asequibles. Cada parte del majestuoso y escultural cuerpo de Val la volvía loca. La iluminación indirecta del dormitorio otorgaba una penumbra que volvía maravillosas las luces y sombras del hermoso trabajo abdominal de Val, haciendo que Angie se deleitara unos segundos en su visión, antes de poner su mano sobre la zona púbica.

Val sintió un intenso choque eléctrico que la recorrió completamente con este contacto, por lo que hizo el ademán de incorporarse, sin embargo, Angie se lo impidió con un nuevo beso profundo en los labios. Val, vencida, cerró los ojos y apoyó su cabeza sobre la cama, gesto que Angie aprovechó para meter sus manos entre el elástico del pequeño tanga y retirarlo con la total colaboración de Val, para así alcanzar su íntimo y codiciado objetivo. Angie admiró, embelesada, la belleza clásica de su desnudez. Ni en sus más detallados sueños la había encontrado tan bella como en realidad era.

Val se sentía totalmente entregada. Nunca en su vida había estado tan excitada, por lo que comenzó a participar activamente en este maravilloso juego erótico. Necesitaba sentir los pechos de Angie, deseaba desesperadamente poder probarlos, se acomodó hasta alcanzarlos con su boca y los besó con tal incontenible pasión que Angie tuvo que aferrarse fuertemente a las sábanas que cubrían la cama, mientras su espalda se arqueaba producto del placer que en ese momento la invadía.

Val no lo podía creer. Con excepción del minúsculo tanga, tenía ahí, en su cama, al alcance de su mano, el cuerpo desnudo de su Venus que tantos insomnios le había hecho padecer. Al mismo tiempo, las sensaciones en su clítoris y vagina eran casi dolorosas, necesitaba ser satisfecha con urgencia por su diosa. Ángela lo entendió así y, con premura, como si se le fuera la vida en ello, tendió a Val de espaldas sobre la cama y, sin pausas, le abrió las piernas con lentitud contenida, dejando el sexo de su amada expuesto, a su vista, a su tacto, a su olfato... y a su gusto.

Val sabía lo que iba a suceder, por lo que su abandono a estas nuevas sensaciones ya era total y definitivo. Cerró sus ojos y movió sus manos sin saber qué hacer con ellas. Al final, mordió el índice y el dedo medio de su mano derecha mientras que la izquierda la apoyaba cerca de su pubis en un gesto ambiguo entre la timidez y la invitación.

Angie, sentada sobre sus talones y con las manos apoyadas sobre los muslos de Val, veía con adoración las expresiones de su compañera, hasta que no aguantó más e, inclinándose, acercó el rostro a su sexo para recorrer delicadamente con la lengua toda la longitud de los labios mayores hasta el clítoris. Val, al sentir este contacto, no pudo contener el estremecimiento que recorrió todo su ser, emitió un suspiro entrecortado y acarició la cabeza de Angie quien, motivada por ese gesto, olió, lamió, chupó, mordió y tocó con sus manos aquella sensible zona, volviendo loca a Valentina de placer. Ésta, por su parte, no podía mantener quietas las manos y ya acariciaba el cabello o rostro de su amada o sus propios pechos, abdomen, brazos o cabello mientras se le escapaban gemidos de placer.

—Angie, princesa. ¿Qué has hecho conmigo?

Cuando Val sintió el dedo índice izquierdo de Angie abrirse paso por sus palpitantes paredes vaginales, mientras su clítoris era masajeado por la palma de la otra mano, sus sensaciones se multi-plicaron vertiginosamente. Sentirse penetrada por su Diosa del Olimpo, sentir la calidez de su piel desnuda, sus caricias ardientes, su respiración en su sexo y el contacto de esa boca tan deseada, la llevó a límites insospechados para ella, era el acto de entrega más apasionado de su existencia. Inmediatamente, la lengua de Angie sustituyó aquella palma, envolviendo a Val en una irresistible vorá-gine de placer que la impulsó a acompañar con sus caderas el vaivén lujurioso de su amada hasta que no pudo más y, arqueándo-se totalmente, apoyada sólo por hombros y talones, cayó comple-tamente desmadejada por los efectos del orgasmo más intenso de su vida.

Angie gateó sobre la cama y quedó acostada boca abajo con sólo la cara girada para poder admirar a Val quien, con los ojos ce-rrados y la mano izquierda sobre el corazón trataba de recuperar la normalidad en su respiración.

Al sentir su mirada sobre ella, Val se incorporó y se admiró que aquel rostro de niña pudiera pertenecer a una diosa de la sen-sualidad. Se acercó lentamente a besar los labios de su amor, reco-nociendo con sorpresa y deleite, su propio sabor en ellos. Conscien-te de que era su turno de corresponder el placer recibido, inte-rrumpió el profundo beso y, sentándose más aún, descubrió la espalda de Angie, retirando hacia la izquierda el abundante y lindo cabello.

—No te muevas Angie. Quédate así un momento.

La bella espalda de la actriz se convirtió, así, en un lienzo en blanco en donde Val pintó el más sensual de los cuadros, utilizando como pinceles sus uñas primero y sus labios y lengua después.

A Val ya no le parecía suficiente solamente la espalda de su dulce amor, por lo que cambió de posición, rotando su propio cuerpo. Retiró con suavidad y parsimonia el tanguita y concentró su atención en las tersas nalgas y cara posterior de los muslos de Angie, en donde repitió las acciones efectuadas en la espalda minutos antes. Así siguió su viaje al sur, provocando cada vez más gemidos de su amada hasta alcanzar, alternativamente, los delicados pies de la actriz quien los mantenía levantados mediante el sensual acto de doblar sus hermosas rodillas.

Val los besó y succionó, hasta que los gemidos de Angie ya no pudieron incrementarse más.

—Val, por favor, ya no me tortures más.

Val sonrió y su espíritu travieso surgió de su inconsciente, así que, como si le hubieran pedido lo contrario, emprendió, más lentamente si eso fuera posible, el largo camino de regreso, cambiando el recorrido de sus manos y besos hacia la cara interna de sus muslos, casi volviendo loca a Angie como resultado de la expectación.

En el culmen de la excitación, Angie decidió ayudar a Val elevando sus caderas. Su amiga quedó pasmada al ver la belleza del rosado sexo de Angie, húmedo e invitante a la más desbordada de las lujurias. Con timidez, Val acercó sus dedos al venerado templo y se estremeció al sentirlo cálido, empapado y anhelante. Acarició lentamente el majestuoso portal y luego llevó la mano a su nariz y boca para oler y saborear, por vez primera, el néctar de su diosa.

Acariciando con sus manos las caderas y nalgas de Angie, inició una prolongada serie de besos cortos a lo largo de toda la vulva expuesta, hasta alcanzar el ansiado clítoris que besó, chupó y succionó provocando en Angie espasmos incontrolables.

Después dirigió la atención de su lengua hacia el vestíbulo y canal vaginales, sin descuidar el clítoris, el cual quedó atendido por uno de sus lubricados pulgares. La energía sexual se fue incrementando, tanto para Angie como para Val hasta que ambas sólo pudieron concentrarse en un solo punto del universo, un punto en que sus cuerpos se tocaban para entregarse una a la otra sin aparente punto de retorno.

Angie no pudo pensar más y alcanzó rápidamente el paroxismo del placer.

VIII

Valentina despertó y miró la tenue luz del amanecer filtrándose a través de las cortinas. El olor de Ángela la invadió de inmediato y su piel se erizó recordando lo glorioso de sus besos y sus caricias. Sin embargo se extrañó de no verla durmiendo junto a ella y rápidamente se levantó, se colocó encima una bata holgada y salió en su busca.

La encontró sentada viendo a través del gran ventanal de la sala-comedor del apartamento. Afuera llovía y la luz gris le daba la belleza inusitada de una madona contemplativa. Llevaba puesto un albornoz de baño propiedad de Valentina, cuyo color blanco contrastaba en forma sublime con el cabello que le caía sobre los hombros.

Valentina la observó embelesada durante varios minutos, hasta que a su conciencia le cayó como un mazazo, la certeza de que ese momento no se repetiría jamás. Su mente no podía dejar de rechazar lo que estaba ocurriendo, no por moralinas estúpidas ni nada de eso, sino porque sabía que no había futuro para ellas. La carrera de Ángela, su Angie, estaba en un punto de fulgurante ascenso mientras que ella no podía descifrar qué hacer con la suya. Independientemente de que no tenía la menor idea de cómo manejar aquello. En su fuero interno percibía que era excesiva cobardía pero, una vez más, no sabía cómo enfrentarse a ella.

Lentamente se acercó a Ángela, quien al descubrirla, le dedicó una hermosa sonrisa.

—¡Val! No podía dormir de tantas emociones. Siempre te he admirado, ¿sabes? Desde que empecé a estudiar actuación, Grace Wellington siempre fue mi referente ideal. Y, a partir de los 16 que empecé a descubrir mi orientación sexual, tú representaste mi concepto de mujer perfecta.

Valentina incrementó su desolación. Adicionalmente a sus otros temores, tenía la certeza de que Ángela podría amar a Grace, ¡por supuesto! Pero como Valentina, no tendría ni la menor oportunidad.

—Mi máxima ambición era trabajar junto a ti —continuó Ángela emocionada—, pero cuando supe que en Equus tendría que pelear contigo palmo a palmo por la supremacía escénica, entré en pánico. Por eso mi mala actitud. Luego descubrí que no eres mi ideal, eres mi...

—Ángela, shhh. No lo compliques más, por favor —pidió Valentina con un nudo en la garganta.

Un atisbo de miedo, al ver la mirada de Valentina y notar la omisión del cariñoso "Angie" usado la noche anterior, provocó en Ángela un escalofrío involuntario.

—No pases más frío —dijo Valentina malinterpretando el estremecimiento y halando de Ángela suavemente de las manos—. Duerme un poco más. Ven.

IX

Los temores que nacieron en Ángela esa mañana y que se incrementaron al dejar el elegante departamento, no fueron infundados. Al ingresar al foro, más tarde ese mismo día, se dirigió rápidamente a saludar a Valentina con el corazón cantando. Cuál sería su sorpresa cuando recibió un saludo frío e impersonal, con un rápido beso en la mejilla. No es que esperara un efusivo saludo hipersexuado delante de todo el personal, pero tampoco esto.

El fragor intenso del trabajo cotidiano le impidió acercarse a Val durante todo el día. Durante el almuerzo, celebraron una conferencia con editores de la prensa especializada. Valentina mantuvo una lejana distancia y durante su participación en la reunión, no hizo ninguna alusión al trabajo de Ángela como ésta hubiera anhelado.

Al término del trabajo vespertino, se dio una ducha rápida y salió, todavía ilusionada, a buscar a Val en su camerino para platicarle sus íntimas aspiraciones adquiridas desde la noche anterior. La decepción fue mayúscula al ser informada por Don Pedrito que la señorita Grace había abandonado el teatro hacía más de 15 minutos.

Ángela tenía demasiada experiencia en materia de corazones rotos para entender por dónde soplaba el viento. Lo que percibía en la actitud de Valentina era miedo. Simple y puro miedo a entablar una relación, al compromiso. Simple y puro miedo a amar. Simple y puro miedo a amarla a ella. Sus relaciones de pareja, habitualmente, habían fracasado por miedo de la contraparte y veía nuevamente acercarse el precipicio. Sin embargo, sentía con desesperación que éste era diferente. Aquellos fueron enamoramientos pasajeros. Valentina, Val, era su gran amor. Y ella era, lo sabía, mujer de sólo un gran amor.

Para lo que no estaba preparada fue para la abierta hostilidad que Grace o Valentina o ¿quién coños sabría quién era? des-

187

arrolló en contra de ella durante las últimas semanas de preparación.

Pocos días después de la conferencia de prensa y ante los inútiles esfuerzos de Ángela por provocar un encuentro casual con Valentina, aquella decidió enfrentarla directamente.

—Grace, ¿podemos hablar?

—Mira, no considero que haya mucho de qué hablar. Si quieres discutir sobre aquella noche, no creo que haya mucho sobre qué debatir. Se nos salió de las manos y ya. Créeme que para mí fue muy gratificante, pero no volverá a suceder.

—Independientemente de eso, nuestra relación está perjudicando la producción. Tenemos que arreglarla porque nuestro desempeño se está viendo afectado. Y cada vez que he querido acercarme, me rehúyes. Así que te exijo me des una cita y hablemos.

—¿Yo te rehúyo? Estás viendo visiones ¿Cuándo lo he hecho? Además, si alguien anduviera baja en desempeño, serías tú. ¿Yo, por qué?

—¿Ves lo que te digo?

—Está bien, hablemos. Yo no estaré en el ensayo de la tarde porque tengo una entrevista de TV. Total, te toca a ti hacer Dysart el día de hoy. Pero regreso. Acabando el ensayo, te espero en mi camerino.

—Ok. Ahí estaré.

Muriéndose de los nervios, acabando el ensayo Ángela se presentó en el camerino de Valentina.

—Entonces, Ángela, ¿de qué coño va todo esto? —Ángela acusó el tono, totalmente inapropiado e inconsistente con el estilo de Valentina.

—Mira Grace, como te dije aquella mañana en tu casa, tú fuiste siempre mi referente. Trabajar contigo era mi ilusión. De verdad. Sin embargo, cuando se presentó esta oportunidad comprendí que la lucha iba a ser a muerte. Yo podría salir de aquí glorificada como actriz. Pero para ello tenía que pasar sobre ti y... decidí hacerlo. Esa era la causa de mi hostilidad hacia ti.

Ángela se debatía internamente entre confesar su irreductible amor o no hacerlo. Decidió que no, porque si era rechazada, no lo podría soportar, además de que su dignidad no le permitiría seguir dentro del proyecto.

—Después te conocí y entendí que eras una gran persona, una gran mujer y que no valía la pena tenerte de rival. Estando en España decidí que habría otros proyectos y que yo podría triunfar sin necesidad de aplastarte en éste. Me acerqué a ti para fumar la pipa de la paz.

»Luego, esa tarde pasó lo que ya sabes —continuó diciendo Ángela haciendo un esfuerzo por parecer calmada—. Sí, me ilusioné. Pensé que tal vez tendríamos algo. Siempre me gustaron las chicas. Ahora lo sabes. Lo he mantenido en secreto porque así le convenía a mi carrera. Ya sabes cómo son los ejecutivos de la TV y cómo cuidan la imagen "pública" de sus artistas. Ahora ya no me importa. Ya sé que me equivoqué al pensar en que tendríamos algo. Pero eso no justifica que me trates como apestada, profesionalmente. Ya no soy tu rival. Tengo contrato hasta la centésima representación. Después, te prometo que me iré. Mientras, te propongo una tregua. No le está haciendo bien a la producción nuestra actitud.

—Mira, Ángela. Lamento mucho lo de la otra noche. Me dejé llevar por el momento. Lo siento si te afectó. Lo disfruté mucho, pero debes creerme que no tiene futuro. Ni tú ni yo podemos darnos ese lujo. En cuanto a la tregua, que no es la primera vez que me pides una, sigo insistiendo que lo que me atribuyes son imaginaciones tuyas. Pero tendré más cuidado en el futuro.

Ángela salió de la entrevista con el espíritu deshecho. No sentía haber avanzado nada.

Y el tiempo le dio la razón. Las relaciones profesionales entre ellas mejoraron, pero las personales se hicieron cada vez más difíciles.

Así, se cumplió el plazo. La última semana ya estaba listo el montaje con Valentina como Dysart y Ángela como Jill, por lo que Humberto decidió utilizar el tiempo para afinar la Doctora Dysart de Ángela.

El último día, el trabajo fue bestial y Ángela se sintió sumamente insegura por culpa de su estado de ánimo. Abrumada por la responsabilidad, puso todo de su parte para concentrarse y dar lo mejor de sí. El porte que le daba el vestuario de la médica psiquiatra resaltaba su imagen dura y profesional. Humberto se sentía satisfecho.

DYSART [dirigiéndose a ALAN, directamente, como despedida]

No podrás galopar así nunca más, Alan. Los caballos habrán dejado de ser seguros. Tú vida será ahora tan gris como ha sido la de tu padre. Ahorrarás tus centavos cada semana hasta que puedas cambiar tu moto por un auto, y asumirás una vida mediocre olvidando que ellos, los caballos, te dieron algo más que cuentas y facturas. Sin embargo, no tendrás dolor. Mal que bien, estarás completamente sin dolor.

[Pausa

La DOCTORA se dirige directamente al público, de pie junto al inmóvil ALAN STRANG, cubierto por una frazada.]

Pero ahora, para mí, nunca se detendrá la voz de Equus, surgiendo de las profundidades. "¿Por qué yo?... ¿Por qué yo lo tendré que padecer?... ¡Explíquenmelo!" ...De acuerdo, ¡Me rindo! ¡Ya lo dije! En último caso no sé qué hago en este lugar. Y sin embargo hago las cosas que se espe-

ran de mí. Esencialmente, no sé lo que hago. Pero hago las
cosas esenciales.
[Se aleja de ALAN y finalmente, se sienta.]
Necesito, desesperadamente, una guía en la oscuridad.
¿Qué oscuridad es ésa? No puedo decir que haya sido or-
denada por Dios, no me atrevería a llegar tan lejos. Sin
embargo acabaré pagando peaje por lo soberbia que he
sido toda mi vida. En la actualidad, mi boca está sellada
por una pesada cadena. Y ya nunca se irá.
[Larguísima pausa.
DYSART observa.
Las luces descienden lentamente hasta oscuro total]
TELÓN

Ángela terminó el monólogo final de la Doctora Dysart totalmente agotada, y bajo un violento estado emocional, con la respiración agitada y el corazón saltándole del pecho. Sentía que, definitivamente, era lo mejor que había hecho en su vida. Siempre había
esperado la oportunidad de representar algo tan intenso.

Con el teatro totalmente oscuro, no escuchó nada proveniente del patio de butacas y su incertidumbre se incrementó ¿Lo había
hecho bien? ¿Le gustó a Humberto? ¿Y a Val?

Escuchó algunos aplausos aislados, por parte de algunos
compañeros actores y personal técnico, mientras se encendían las
luces de foro. Miró a Valentina sentada en la cuarta fila, detrás de
Humberto, e intentó captar un atisbo de aprobación. La fría mirada
Wellington fue lo único que obtuvo.

—Bien, muchachitos —gritó Humberto dando palmadas—. Ya
estamos listos. Mañana, todos bañaditos y peinaditos, a su hora,
para revisar cada uno de los detalles. Gracias, Ángela. ¡Muy bien!

—Yo diría que más bien patética. ¡Pues si no es telenovela,
mi alma! —alcanzó a vociferar Valentina antes de salir velozmente

191

por el pasillo lateral. Humberto la siguió con actitud de pocos amigos y dispuesto a ponerle fin a un estado de cosas que ya lo tenía harto.

—¿Por qué? —se preguntó Ángela, paralizada en medio del escenario—. ¿Por qué me insulta? ¿Qué oscuros hilos moví para que me odie tanto? ¿Cómo, Dios mío, voy a hacer para salir bien librada de esta situación?

Con los ojos anegados por las lágrimas, la Misrachi abandonó el escenario que alguna vez creyó iba a ser su templo y que se había convertido en su calvario. Los miembros del staff que todavía seguían por ahí, la vieron salir con conmiseración.

X

Al siguiente día, Ángela entró a su camerino con el ánimo por los suelos. Iba a dar la función sólo por cumplir con el contrato y porque ella era una profesional, pero malditas las ganas que tenía de hacerlo. Enfrentar al selecto público y a la prensa especializada que asistía a una noche de estreno, la ponía en niveles de estrés imposibles de soportar para una depresión como la suya.

Junto al largo perchero se encontraba Carmela, la asistente de guardarropía, dando los últimos toques a su vestuario.

—¿Qué? —gritó Ángela, enojada, a la sorprendida y espantada Carmela—. A ver, inútil, éste es mi vestuario de Dysart y hoy hago Jill. ¿Cómo pudiste cometer semejante error?

—Perdone usted, señorita Misrachi, pero el memorándum de producción dice que usted representará hoy a Martina Dysart.

Ángela se movió rápidamente para consultar el tablero de corcho adosado a la pared, donde se encontraba el memorándum fijado con chinchetas.

—Discúlpame, Carmela, no estaba enterada —dijo al comprobar lo dicho por la asistente.

—No tenga cuidado, señorita. Con su permiso.

Al salir Carmela, Ángela se sentó ante su gran espejo iluminado y, al contemplar la imagen de profunda tristeza que el mismo reflejaba, se echó a llorar desconsoladamente. Valentina, su Val, no solamente había destrozado su corazón, ahora destrozaba también su carrera y sus ilusiones de triunfo. ¿Cómo podía su amada perpetrar una jugada tan perversa? Estaba de acuerdo que ella se había portado mal cuando la consideraba rival, pero ¿hacerle esto después de lo que habían vivido juntas? ¿De haber compartido lo que Ángela creyó tan hermoso? Nunca la consideró capaz de golpear tan bajo. Hoy, noche de estreno, no le permitiría triunfar como Jill y, como Dysart, ante el público y la prensa, solamente sería "la suplente". ¿Cuándo demonios se le ocurrió firmar un contrato tan injusto?

No supo cuántos minutos estuvo llorando hasta que fue interrumpida por Lupita, la maquillista en jefe, quien entró al camerino sin llamar, como era su costumbre.

—¡Señorita Ángela! ¡Virgen Santa! Mire nada más cómo está. ¿Qué le pasa? ¿Cómo voy a hacer para maquillarla con esa cara que trae? A ver, métase al baño, lávese la cara y límpiese la nariz. Yo, mientras, preparo una loción astringente para bajarle la hinchazón de los párpados —como siempre, Lupita hablaba sin pausa y sin dejar intervenir a nadie.

Ángela obedeció de mala gana. No iba a ponerse a discutir con Lupita, cosa que, por demás, sabía un esfuerzo inútil. Mientras se lavaba, escuchó que llamaban a la puerta y a Lupita autorizando la entrada del visitante. Al salir del lavabo, se encontró de frente con Valentina esperándola, de pie, en el medio del camerino, portando con elegancia un vestido estampado con motivos amarillos.

—¿Qué haces aquí? —preguntó vacilante.

—¿Podemos hablar, Angie? —Ángela no dejó de notar el uso del diminutivo para su nombre, mismo que no había usado desde aquella memorable noche en su casa—. Lupita —continuó Valentina—, ¿podría dejarnos un momento?

—Señoritas, no es por nada, pero tenemos el tiempo muy limitado. Y no es por hablar mal de nadie, pero alguien ha lastimado mucho a la señorita Misrachi, aquí presente, y requiere de muchos cuidados antes de poderle aplicar la...

—Lupita...

—Sí, señorita Grace, con su permiso.

Al quedar a solas, Ángela y Valentina se miraron intensamente unos segundos.

—¿Qué deseas decirme? —dijo Ángela, rehuyendo la mirada.

—Mira, lo que voy a exponerte es muy difícil para mí, así que te voy a pedir que me escuches y no digas nada hasta que termine.

—De acuerdo. Continúa.

—Angie, yo te amo. Te amo con todas mis fuerzas y toda mi pasión. Te he amado desde mucho antes de aquella noche en mi casa. Hacer el amor contigo ese día fue para mí inevitable y glorioso. Pero, como Perséfone, creí pasar del Cielo al Infierno esa misma noche, al considerar que no podía tenerte.

—Val, yo...

—Shhh. Prometiste dejarme terminar —Valentina enfatizó su dicho colocando su dedo sobre los labios de Ángela—. Y me sometí a un sufrimiento indecible debido a una ceguera absoluta e idiota de mi parte. Creí que te protegía porque como rivales escénicas, una relación conmigo iba a ser terriblemente perniciosa para ti y tu carrera. Además, yo había iniciado un proceso de transición hacia una nueva vida en la que involucrarme en un amor y, además, homosexual, pensé que nos llevaría al desastre. Independientemente que a Equus no lo ayudaría para nada. Pero ahí estuvo mi increíble imbecilidad y mi extrema cobardía, estaba pensando como Grace Wellington. Tantos años de pensar como ella aniquilaron mi mente. Y quien te ama con locura es Valentina, no Grace. Y Valentina, niña mía, es ahora totalmente libre.

Ángela sintió que una calidez indecible invadía su espíritu.

—Mi temor —continuó Valentina— es que tú te enamoraste de Grace y sé que existe la posibilidad de que Valentina no te interese para nada. Sin embargo, amada Angie, hoy sé que tengo algo que ofrecerte para hacer un proyecto de vida como pareja. Te quiero como mi novia, te ofrezco mi vida, te ofrezco a Valentina, totalmente enamorada y rendida a tus pies. Hoy declaro inexistente a Grace, tu rival

—Val, yo tengo algo que decirte...

El corazón de Valentina dio un vuelco de temor al percibir a una Ángela dubitativa.

—Angie, antes que digas nada, antes de que me aceptes o me rechaces, quiero darte un obsequio, símbolo de mi compromiso. El regalo es tuyo, sea cual sea tu decisión.

—Val, no es necesario...

—Te regalo a Martina Dysart. Es tuya.

—¿Cómo?

—El papel es tuyo. Tu trabajo es magistral y es la plataforma que necesita tu carrera. Eres una Dysart sensacional.

—Pero tú habías dicho...

—Yo dije muchas cosas horribles, pero sólo motivada por el miedo y para demostrar que podía vencer a mi propio corazón. Espero que no te las hayas creído y que un día puedas perdonarme.

—¿Lo sabe Humberto?

—¿El qué? ¿Mi decisión? Creo que ya lo sabía todo el mundo. Menos tú —dijo Valentina, ruborizada.

—Val, ¿sabes qué? ¡Eres una reverenda estúpida! —Ángela se abalanzó sobre Valentina golpeándola en el pecho con los puños, mientras su boca buscaba ansiosa los dulces labios de su amada—. ¡Te odio! ¡Te odio! ¡Te odio! —repetía sin cesar, golpeando cada vez menos y besando cada vez más.

Los besos fueron interrumpidos abruptamente por el asistente de dirección tocando la puerta.

—Ángela, ¡treinta minutos! —gritó el asistente desde afuera.

—¿Ya te puedo contestar, Val?

—Ya puedes. Pero tienes poco tiempo. No te has maquillado ni vestido.

—Val. Yo te amo. Yo creí que amaba a Grace, pero puedes estar absolutamente segura que a quien amo es a Valentina. ¿Sabes desde cuándo? Desde el día que me gritaste en el pasillo de servicio. Ese día supe que la Grace que yo conocía era, inexplicablemente, mucho más que Grace y te amé como nunca. Mi viaje a España fue una tortura. Por eso, cuando regresé, lo único que deseaba era acercarme a ti a como diera lugar. Hace unos minutos lloraba porque creí haberme equivocado al evaluarte y me sentí terriblemente traicionada. Más que por ti, por mis instintos fallidos. Pero ahora sé que estaban en lo cierto y puedo confiar en ti. Te acepto Val, te acepto como quieras y como sea.

Ángela sólo se sintió abrazada con infinita ternura y recibió un cálido, aunque fugaz, beso en la boca.

—Val, ¿me vas a ver?

—No, princesa mía. Hoy es tu noche y no sería justo. Actuarías para mí cuando debes actuar para ti. Ya habrá muchas otras oportunidades. Y además, ¿para qué me dejo ver ante todos los perros carroñeros? No, gracias.

—Está bien, Val. Muchas gracias.

—Angie, ¿te puedo pedir algo?

—Lo que quieras, amor.

—No vayas a la fiesta del estreno. Mejor celebramos tú y yo, a solas, en mi casa. Preparo una cena especial y pongo a enfriar champagne francés. Si te urge conocer las críticas, te prometo que nos levantamos a las cinco de la mañana para comprar los diarios matutinos.

—¿Eso quiere decir que vamos a estar acostaditas en una cama? —preguntó Ángela con picardía. Valentina se ruborizó hasta la punta de los cabellos—. Las críticas podrán esperar, Val —continuó Ángela más seria—. Podrán esperar.

—Anda, vístete ya. —le dijo una Valentina arrebolada y totalmente emocionada.

—Me voy a dar una ducha rápida —dijo Ángela—. No puedo salir así como estoy —y se metió rápidamente al baño del camerino.

—Mientras, voy a llamar a Lupita —le gritó Valentina.

—Ángela entró rápidamente al baño y abrió la llave del agua de la ducha, para que se fuera calentando. Mientras, ante el espejo, lentamente, como haciendo un "strip tease", se quitó su blusa. Admiró sus pechos y sus caderas mientras se despojaba de sus vaqueros y, una vez que sus braguitas quedaron tiradas en el piso, no pudo dejar de admirar lo bella que se veía y se sentía cuando, minutos antes, se consideraba la basura más despreciable del planeta.

Se hizo un moño monumental para proteger su cabello del agua y, todavía bailando eróticamente, entró a la ducha quedándose estática ante el contacto del agua tibia. Cerró los ojos para disfrutar del efecto relajante de las gotas sobre su piel. Cuando al fin los abrió, no pudo evitar sobresaltarse momentáneamente al ver a Valentina, de pie junto a la puerta, observándola sin parpadear.

—Val. ¿Cuánto tiempo llevas ahí?

—Yo creo que toda la eternidad, preciosa mía.

La Misrachi se mordió los labios mientras Valentina se quitaba su vestido, quedándose sólo con un hermoso conjunto de sostén y bragas que resaltaban la perfección de su cuerpo. Lentamente desabrochó el sostén y lo deslizó por sus brazos para dejar al descubierto los maravillosos pechos que Ángela ya conocía. Se sacó las braguitas, también con parsimonia, levantando primero la pierna izquierda y luego la derecha. Durante el proceso de quitarse la ropa, no retiró ni un momento su mirada de la de Angie, diciéndole sin palabras, que el acto de desnudarse así ante ella, en ese momento, significaba la entrega total de su cuerpo y de su alma.

—Necesitabas ayuda para lavarte la espalda —dijo Valentina, entrando a la ducha.

Val tomó el fino jabón de olor y abrazó a Angie desde atrás apoyando sus propios senos en la espalda de su amada. Al mismo tiempo que empezaba a enjabonarle los senos, inició un voluptuoso beso en el cuello que se prolongó hasta la oreja derecha de Ángela, punto sensible y receptivo de ésta.

—Val, lo que me enjabonas no es la espalda.

—¿Y te importa? —dijo Val sin dejar de besar el cuello de Angie, volviendo nuevamente a su oreja.

—¡No, para nada! —contestó Angie, inclinando su cuello—. Sigue, por favor.

El beso en la oreja involucró a la lengua, la cual, despabilada, determinó llevar la batuta en la interpretación de esa húmeda sinfonía erótica y moverse a mejilla, cuello nuevamente, ojos, oreja de nuevo, mientras las manos aprisionaban, acariciaban y masajeaban hasta que se hizo urgente la necesidad de lavar concienzudamente el abdomen de Angie, quien ya gemía de gozo. El agua espumosa fue llevada por la traviesa gravedad hasta el pubis y de ahí a los muslos de la diosa olímpica, pretexto que Val aprovechó para acariciar también dichas zonas.

En el apogeo de su excitación, Angie se dio la vuelta, para quedar frente a su amada y, así, poder besar apasionadamente sus labios y abrazarla por la cintura. Las manos de ambas se desesperaban por no poder tocar al mismo tiempo todo lo que deseaban e iniciaron una danza ritual acariciando rostros, hombros, senos, caderas, nalgas y muslos, todo cubierto de agua y de espuma. Angie levantó una pierna y apoyó la parte interna de la rodilla sobre la cadera de Val, quien entendió el mensaje y pudo acariciar con fruición el sexo y el perineo de su compañera.

Para poder brindar un placer más intenso, apoyó la espalda de Angie en la pared, quien, con el muslo levantado, recibió millones de intensas sensaciones en su zona de placer por parte de las juguetonas rodilla y manos de Val.

Simultáneamente, Val aprovechaba para besar a su amor eterno en todo el resto de su sensible piel que le quedaba a su alcance y, en pocos minutos, sintió cómo la respiración de Angie se fue haciendo más y más entrecortada hasta que percibió con gran satisfacción cómo sus objetivos habían sido cumplidos con creces.

Una vez medio normalizados los latidos de su corazón, Val salió de la ducha y esperó al amor de su vida con una toalla grande y esponjosa, con la cual la secó amorosamente. Al final, le ayudo a colocarse su albornoz y la besó con ternura. Mientras Angie se soltaba nuevamente su ondulado cabello, Val se secó y se vistió rápidamente.

—Me voy a prepararlo todo, amada mía —dijo Valentina sonriendo y con el corazón rebosante de felicidad.

Ángela le echó los brazos al cuello y la besó nuevamente, pero ahora con pasión. Valentina tuvo que hacer un enorme esfuerzo de voluntad para librarse del abrazo.

—Rómpete una pierna —deseó Valentina mediante el viejo aforismo que, en teatro, significa "suerte".

XI

Mientras cerraba tras de sí la puerta del camerino, Valentina alcanzó a escuchar al anunciador del teatro por el sonido general:

—Estimado, público, ésta es la segunda llamada, segunda. Favor de pasar a ocupar sus localidades. Le informamos a nuestro respetable público que el papel de Martina Dysart será interpretado por Ángela Misrachi y el de Jill Mason por...

Valentina sonrió, el teatro se oía lleno hasta los topes. Rápidamente bajó a la oficina de Humberto y tocó la puerta.

—Adelante.

Valentina no tuvo necesidad de decir nada. Con verle el rostro, Humberto lo supo todo y se congratuló por su compañera.

—Muchas gracias por tu apoyo y consejo, amigo mío.

—De nada, Grace —Valentina hizo un gesto bastante amenazador—. Digo, perdón. Valentina. Eternamente a tus órdenes.

—¿Mandaste el comunicado de prensa?

—¿El que informa tu decisión "por así convenir a tus intereses"? Así fue. Redactado, emitido y distribuido. Mañana tu novia, porque ya es tu novia, "I presume" —Valentina asintió, sonriendo—, será una estrella fulgurante en el mundo del teatro nacional.

—Hasta siempre, Humberto. Por aquí nos seguiremos viendo. Y la vida, seguramente, continuará poniéndonos en proyectos juntos.

—¡Un minuto! —gritó el asistente.

—Te dejo ahora —dijo Valentina—. Te deseo la mejor de las suertes.

—Y yo a ti, en tu nueva vida. Felicidades.

—Gracias, Humberto, muchas gracias nuevamente. Adiós.

Valentina abandonó la oficina y salió del teatro por la puerta de actores. La ciudad, en su trajinar vespertino, casi nocturno, la recibió con honores. Hacía años que no se sentía tan bien. Antes que se cerrara la puerta mediante el dispositivo automático, alcanzó a escuchar al anunciador:

—Estimado público, ésta es la tercera llamada, tercera. Comenzamos...

Fin

Los fragmentos de Equus son traducciones libres realizadas por el autor de este relato, de la siguiente edición: Shaffer, Peter. Equus (1973). Scribner, New York, 2005

www.ingramcontent.com/pod-product-compliance
Lightning Source LLC
Chambersburg PA
CBHW072137270326

41931CB00010B/1790